Unstimmigkeiten und Konflikte erleben wir im Schulalltag immer wieder. Wie wir damit umgehen, prägt das Klima im Klassenzimmer, im Schulgebäude und auf dem Schulhof ebenso wie im Lehrerzimmer oder beim Elterngespräch. Der amerikanische Psychologe Marshall B. Rosenberg hat ein vierschrittiges Modell[1] entworfen, das uns helfen kann, Konflikte konstruktiv aufzulösen und eigene Gefühle und Bedürfnisse ehrlich auszudrücken. Rosenberg hat seinem Modell den Namen „Nonviolent Communication" gegeben. Im deutschsprachigen Raum hat es sich als Gewaltfreie Kommunikation, kurz GFK, Wertschätzende Kommunikation, Sprache des Herzens oder auch als Giraffensprache etabliert. Letztere Bezeichnung leitet sich von dem Symboltier ab, das Rosenberg für diese Form der Kommunikation gewählt hat. Die Giraffe ist das Landtier mit dem größten Herzen und hat symbolisch somit großen Raum für Gefühle, Empathie und Selbstempathie. Mit ihrem langen Hals ist ihr ein Weitblick geschenkt, mit dem es ihr gelingt, auch fernliegende Lösungsmöglichkeiten zu entdecken.

Die GFK wird von der Haltung getragen, dass es jenseits von richtig und falsch einen Ort gibt, an dem Verbindung, Wertschätzung und die gemeinsame Lösung von Konflikten möglich sind.

Entwickelt hat Marshall B. Rosenberg dieses Modell ursprünglich für Erwachsene. Es ist unter dem Eindruck eigener Gewalterfahrungen in Detroit zu Beginn der 1960er-Jahre und im Kontext der amerikanischen Bürgerrechtsbewegung entstanden.

Inzwischen hat die GFK sowohl zur Förderung einer wertschätzenden Kommunikation im Alltag wie auch zur Konfliktlösung im persönlichen, beruflichen, politischen und auch im schulischen Rahmen Fuß gefasst. Durch ihren übersichtlichen Aufbau in nur vier Schritten (Beobachtung, Gefühl, Bedürfnis, Bitte/Danke) ist die GFK leicht zu erfassen.

Für uns ist die Gewaltfreie Kommunikation nicht nur ein Inhalt, den Lehrkräfte ihren Schüler*innen[2] vermitteln, sondern vielmehr ein Lern- und Erfahrungsweg, den im Idealfall alle an Schule Beteiligten gemeinsam gehen und der auch außerhalb von Schule das Leben bereichert.

Bereichernd kann die GFK sich auswirken auf:

- mich selbst und meine privaten Beziehungen,
- meine Beziehungen zu Schüler*innen, Kolleg*innen, Eltern,
- die Schüler*innen,
- die Beziehungen zwischen den Schüler*innen.

Wir freuen uns, unsere Begeisterung für die Gewaltfreie Kommunikation auf diesem Wege mit Ihnen teilen zu können, und wünschen bei der Arbeit mit diesem Buch inspirierende Impulse.

[1] *vgl. Marshall B. Rosenberg. Gewaltfreie Kommunikation: Eine Sprache des Lebens. 12. Aufl. Paderborn: Junfermann Verlag 2016.*

[2] *Der Verlag an der Ruhr legt großen Wert auf eine geschlechtergerechte und inklusive Sprache. Daher nutzen wir das Gendersternchen, um sowohl männliche und weibliche als auch nichtbinäre Geschlechtsidentitäten einzuschließen. Alternativ verwenden wir neutrale Formulierungen. In Texten für Schüler*innen finden sich aus didaktischen Gründen neutrale Begriffe bzw. Doppelformen.*

Zum Aufbau des Buches

Zunächst erläutern wir die vier Schritte der GFK und weisen mit sogenannten Schlüsselunterscheidungen auf die Nebenstraße der GFK hin. Stockt ein Gespräch, lohnt meist ein Blick auf diese Nebenstraße, um das Gesagte oder Gehörte zu reflektieren und den Gesprächsfaden dann erneut aufzunehmen.

Sofern Sie nicht bereits selbst mit der GFK vertraut sind, kann es sehr hilfreich sein, mit diesem Modell zunächst an eigenen Themen zu üben. Dazu finden Sie im Kapitel *Inspirationen zum persönlichen Umgang mit der GFK* verschiedene Anregungen. Auch zur Vorbereitung von Elterngesprächen lassen sich die GFK-Schritte nutzen.

Zur Umsetzung im Unterricht finden Sie, passend zu jedem der vier GFK-Schritte, Übungen und Arbeitsblätter, mit deren Hilfe sich die einzelnen Schritte vermitteln lassen (3.–6. Modul). Den Vorschlägen zu den vier Schritten gehen zwei Module voraus, durch die die Schüler*innen zur Reflexion über verschiedene Formen von Gewalt angeregt werden und die Haltung der GFK kennenlernen. Vertiefende Übungen zur Anwendung der GFK stellen wir im 7. Modul *Empathie üben – Perspektive wechseln* und im 8. Modul *Konflikte lösen – GFK-Schritte gehen* vor. Im letzten, dem 9. Modul widmen wir uns den GFK-Schritten zur Wertschätzung. Jedes Modul beginnt mit einer Infobox, die die wesentlichen Lern- und Erfahrungsinhalte zusammenfasst. Diese dient als Information für die Lehrkraft, kann aber ebenso an die Schüler*innen weitergegeben werden.

Das Modell der Gewaltfreien Kommunikation (GFK)

Die Gewaltfreie Kommunikation hilft uns, auch im Konfliktfall in Verbindung zu bleiben und nach konstruktiven Lösungen zu suchen, die von allen Beteiligten getragen werden. Statt uns in Vorwürfen, Schuldzuweisungen oder Forderungen zu verstricken, teilen wir mit, wie es uns geht, welche Bedürfnisse und welche konkreten Wünsche wir haben. Dabei leitet uns nicht die Absicht, möglichst schnell zu bekommen, was wir uns wünschen, sondern die Idee, am Ende eine Lösung zu finden, die für alle stimmig ist. Daher interessiert uns zugleich, wie es dem Gegenüber geht, welche Bedürfnisse auf dieser Seite möglicherweise unerfüllt sind und was sich der andere Mensch wünscht. Gelingt uns die Kommunikation auf diese Weise, endet der Weg nicht bei Schuld, Bestrafung, Gewinn oder Verlust. Stattdessen erleben wir gegenseitiges Verständnis, die Bereitschaft zur Kooperation, Leichtigkeit und Freude.

Das Modell der Gewaltfreien Kommunikation besteht aus vier Schritten: Beobachtung, Gefühl, Bedürfnis und Bitte.

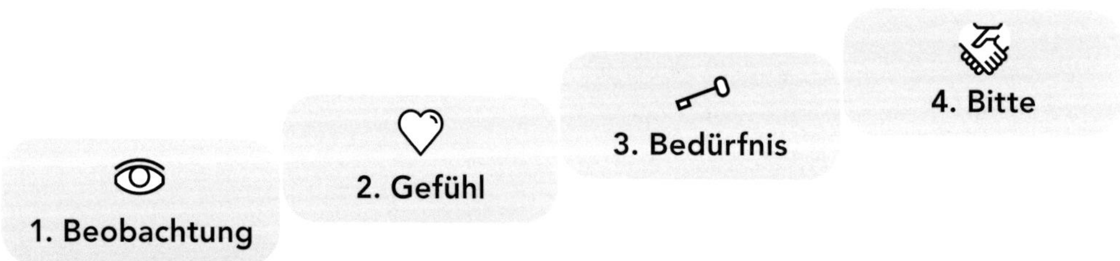

Evelyn Schöllmann
Sven Schöllmann

Gewaltfreie Kommunikation in der Sekundarstufe

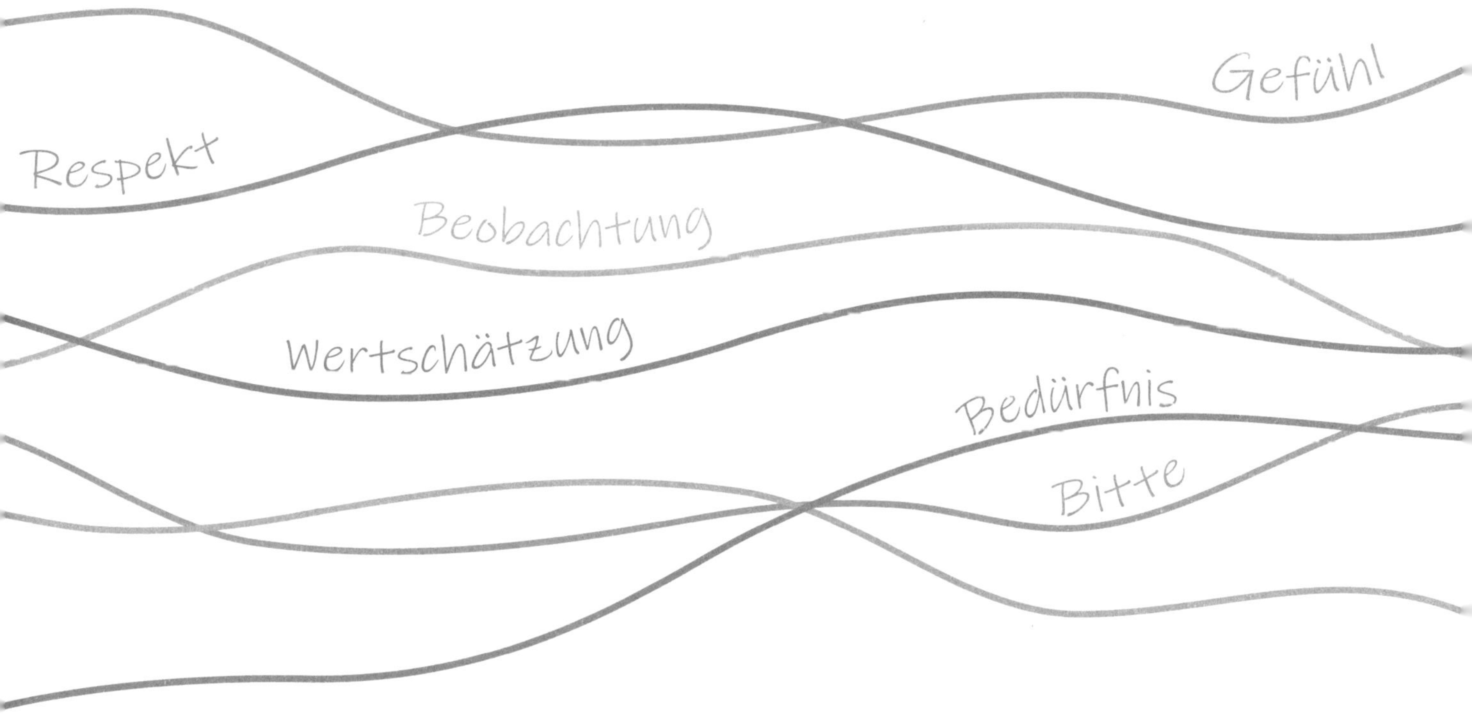

Übungen, Spiele und Kopiervorlagen für ein gutes Klassenklima

Verlag an der Ruhr

Impressum

Titel
Gewaltfreie Kommunikation in der Sekundarstufe
Übungen, Spiele und Kopiervorlagen für ein gutes Klassenklima

Autorenteam
Evelyn und Sven Schöllmann

Illustration im Innenteil
Glühbirne © Who If Not Us – Shutterstock.com

Druck
Heenemann GmbH & Co. KG, Berlin, DE

Verlag an der Ruhr
Mülheim an der Ruhr
www.verlagruhr.de

Geeignet für die Klassen 5–10

ISBN 978-3-8346-6395-5

Inhalt

Download-Übersicht

1. **Bild-Impulse – Gewaltsituationen** (vgl. KV 6)
2. **Bild-Impulse – Gefühle** (vgl. KV 16)
3. **Bild-Impulse – Bedürfnisse** (vgl. KV 22)
4. **Tafelkarten** (vgl. KV 27 S. 110)
5. **Bodenanker** (vgl. KV 34)
6. **Bodenschritte** (GFK-Schritte)
7. **Bodenschritte** (Nebenstraße)
8. **Bodenschritte** für die Druckerei

Ihr persönlicher Zugang:

Alle im Download enthaltenen Dateien können Sie unter folgendem Link oder über das Einscannen des QR-Codes herunterladen:

Passwort: GFK-SEK
Link: cloud.verlagruhr.de/lerninhalt/Fd4elQe4YZPU/

Sollten der Link und der QR-Code ihre Gültigkeit verlieren, wenden Sie sich bitte an digitaleslernen@verlagruhr.de

Zu jedem Schritt gibt es Fragen, die wir an uns selbst oder andere richten können, und Satzstrukturen, die uns bei der Formulierung helfen. So können wir einerseits ausdrücken, was in uns vorgeht (Selbstausdruck), aber auch einfühlsam nachfragen, wie es anderen geht (Empathie).

Bei der Moderation von Konflikten zwischen Jugendlichen oder im Elterngespräch entsteht gerade durch das empathische Nachfragen seitens der Lehrkraft oftmals Entspannung, Klarheit oder eine Lösungsidee.

Empathie

Bei einer Konfliktlösung können wir andere mit empathischen Fragen oder mit einfühlsamen Vermutungen unterstützen. Auch Vermutungen äußern wir im Klangbogen einer Frage. Dies ermöglicht es der anderen Person, unserer Vermutung zu widersprechen. In der GFK ist es niemals unsere Absicht, eine andere Person von unserer Interpretation zu überzeugen. Unsere Vermutungen sind Angebote, die es der Person erleichtern sollen, Klarheit über ihre eigenen Gefühle und Bedürfnisse zu gewinnen und Ideen für mögliche Bitten zu entwickeln. Stehen wir in einem Konflikt, ist es oft gar nicht so leicht, die eigenen Gefühle und Bedürfnisse zu erkennen. Gedanken, Vorwürfe oder Rechtfertigungen verstellen uns den Zugang. Dies geht sowohl Heranwachsenden wie auch Erwachsenen so. Bekommen wir jedoch empathische Angebote von außen, können wir in der Regel recht eindeutig bestimmen, ob sie zutreffend sind oder nicht.

GFK-Schritte	Empathische Fragen	Hinweise
1. Beobachtung	Was hast du gesehen/gehört? Du hast gesehen/gehört, dass … ?	
2. Gefühl	Wie geht es dir? Fühlst du dich vielleicht …? Kann es sein, dass du … bist? Du fühlst dich traurig, alleine …?	„Gefühle-Wortschatz" (siehe KV 1, S. 75)
3. Bedürfnis	Brauchst du …? Du brauchst …?	„Bedürfnis-Wortschatz" (siehe KV 2, S. 76)
4. Bitte	Möchtest du …? Hilft dir vielleicht …? Du wünschst dir …?	Hier ist eine mögliche konkrete Strategie/ Lösung gemeint.

Selbstempathie und Selbstausdruck

Damit wir ausdrücken können, wie es uns geht, welche Bedürfnisse wir haben und welche Bitten wir formulieren könnten, ist ein Blick nach innen notwendig (Selbstempathie). Die folgenden Fragen können wir zunächst für uns selbst beantworten. Das Ergebnis kommunizieren wir dann nach außen (Selbstausdruck).

GFK-Schritte	Fragen zur Selbstempathie	Selbstausdruck
1. Beobachtung	Was habe ich gehört/gesehen?	*Wenn ich sehe/höre, dass …*
2. Gefühl	Wie geht es mir? Welche Gefühle hat die Beobachtung in mir ausgelöst?	*… fühle ich mich …*
3. Bedürfnis	Was brauche ich? Was fehlt mir? Wonach sehne ich mich?	*weil ich … brauche …*
4. Bitte	Welche konkrete, erfüllbare Bitte kann ich an mich selbst oder andere richten?	*Bitte …*

Die kursiv gedruckten Satzteile sind Formulierungshilfen für den Konfliktfall. Sie befinden sich auch auf den Bodenschritten, die den Schüler*innen bei der Lösung von Konflikten angeboten werden können (siehe Download 6). Zu Beginn des Übungsweges klingen GFK-Gespräche in unseren Ohren meist etwas ungewohnt oder gestelzt. Das mag nicht wenig verwundern, denn die Frage „Wie geht es dir?" wird häufig eher floskelhaft verwendet und zuzugeben, dass wir etwas „brauchen", also ein Bedürfnis haben, fällt uns nicht immer leicht. Je geläufiger wir jedoch Gefühle und Bedürfnisse benennen und empathisch danach fragen können, desto vertrauter klingen auch die Formulierungen. Vergleichbar ist das Erlernen der Giraffensprache mit dem Erwerb einer Fremdsprache. Hier klingen unsere ersten Konversationen meist auch noch etwas ungelenk, wir suchen nach Wörtern und uns unterlaufen Grammatikfehler und dennoch werden wir verstanden.

Hinweis zur Formulierung „weil": Eine Situation oder das Verhalten einer anderen Person wird in der GFK als Auslöser für ein Gefühl verstanden, nicht aber als Ursache. Dies wird mit einem Blick auf die Schlüsselunterscheidungen (siehe *Unterscheidung von GFK-Straße und Nebenstraße)* deutlich. Das Gefühl steht dagegen in kausalem Zusammenhang mit einem Bedürfnis. Daher schließt sich an das Gefühl eine Formulierung mit „weil" an.

Beispiele für den Selbstausdruck:

Wenn ich zwei Stunden lang auf dem Stuhl sitze, fühle ich mich erschöpft, weil ich Abwechslung brauche. Können wir bitte 15 Minuten Pause machen?

Wenn ich die Hausaufgabe nicht verstehe, fühle ich mich verzweifelt, weil ich Hilfe brauche. Kannst du mir bitte die Nr. 5 noch einmal erklären?

Wenn ich mich nicht mit dir treffen kann, fühle ich mich traurig, weil ich mir Verbindung wünsche. Kannst du mir bitte sagen, wann du wieder Zeit für mich hast?

Hinweis zum Bedürfnis: Zu Beginn des GFK-Weges stellt es meist noch eine große Herausforderung dar, die Erfüllung eines aktuellen Bedürfnisses unabhängig von einer anderen Person zu denken. Wir formulieren daher häufig schon beim Bedürfnis-Schritt eine Strategie.

Wünschen wir uns Verbindung, ist dies ein Bedürfnis. Wünschen wir uns aber Verbindung mit einer bestimmten Person, so ist dies im Sinne der GFK eine Strategie, mit der wir das Bedürfnis nach Verbindung stillen möchten. Ein Bedürfnis lässt sich auf vielfältige Weise erfüllen. Verbindung erlebe ich möglicherweise auch, wenn ich mein Haustier streichele, mit einer anderen Person etwas unternehme, spazieren gehe und mich mit der Natur verbunden fühle oder über eine Atemübung Verbindung zu mir selbst gewinne. All diese Möglichkeiten kommen uns erst gar nicht in den Sinn, wenn wir uns gleich auf eine Strategie festlegen. Erwidert die angesprochene Person unseren Wunsch nach Verbindung mit ihr nicht, sind wir vermutlich dennoch erst einmal betrübt. Weil wir aber unser Bedürfnis kennen, sind wir in der Lage, nach weiteren Lösungen zu suchen.

Wird vorschnell eine Strategie statt eines Bedürfnisses geäußert, kann an dieser Stelle die „Übersetzung" in ein Bedürfnis durch eine andere Person (Lehrkraft, Mitschüler*in), die empathisch nachfragt, sehr hilfreich sein. Eine vorzeitig geäußerte Strategie birgt die Gefahr, den Blick zu verengen. Gerade das Benennen von Bedürfnissen unterstützt das gegenseitige Verständnis und stärkt die Offenheit für verschiedene Lösungen. Konkrete Strategien werden in Form von Bitten oder Wünschen beim Bitte-Schritt formuliert. Je vertrauter Menschen mit den GFK-Schritten sind, desto sicherer können sie im Laufe der Zeit ihre Bedürfnisse selbst benennen.

Beispiele für „Übersetzungen":

Ich möchte mich nicht beteiligen.	➡ **Bedürfnis:** Ruhe, Autonomie, Entspannung
Ich möchte gefragt werden.	➡ **Bedürfnis:** Verbindung, Transparenz, Sicherheit, Vertrauen, Gesehenwerden
Ich möchte, dass du mitdenkst.	➡ **Bedürfnis:** Unterstützung, Feedback, Wirksamkeit
Ich möchte, dass du dich kurzfasst.	➡ **Bedürfnis:** Effizienz, Entspannung

Unterscheidung von GFK-Straße und Nebenstraße

Zu jedem Schritt in der GFK gibt es sogenannte Schlüsselunterscheidungen. Sie sensibilisieren uns dafür, was mit einem GFK-Schritt nicht gemeint ist. Wir unterscheiden Beobachtungen von Bewertungen, Gedanken und Vorwürfen (1.), Gefühle von Pseudogefühlen (2.), Bedürfnisse von Strategien (3.) und Bitten von Forderungen (4.). Diese Schlüsselunterscheidungen haben wir auf der GFK-Straße und der Nebenstraße einander gegenübergestellt. Auf dem Weg zu einer gemeinsamen Lösung ist es nicht ungewöhnlich, dass wir immer wieder auf die Nebenstraße geraten, denn diese Ausdrucksweise ist uns meist geläufiger. Wenn unser Gespräch ins Stocken gerät, wir die Verbindung zum Gegenüber verlieren oder eine Äußerung starken Widerstand auslöst, befinden wir uns vermutlich auf diesem Pfad. Dann kann es hilfreich sein, die eigene Mitteilung noch einmal zu überprüfen und im Sinne der GFK neu zu formulieren.

GFK-Straße	Nebenstraße
1. Beobachtung Beobachtungen im Sinne der GFK … • sind bewertungsfrei. • sind konkret (zeitlich, räumlich). • erleichtern es beiden Seiten zuzustimmen.	**1. Bewertungen, Gedanken, Vorwürfe** Bewertungen und Vorwürfe … • sind oft pauschal (immer, nie …). • führen zu Gegen- oder Selbstvorwürfen. • lassen das Gespräch stocken oder eskalieren.

Welcher der folgenden Sätze ist eine Beobachtung, welcher eine Bewertung?

a) Jonas ist höflich.
b) Mona hat einen Stift von Max genommen.
c) Lara kann nicht verlieren.
d) Tom hört nicht zu.

Nur b) = Beobachtung

GFK-Straße	Nebenstraße
2. Gefühl Mit einem echten Gefühl … • übernehme ich selbst die Verantwortung für mein Gefühl. • verknüpfe ich mein Gefühl mit einem Bedürfnis. (siehe „Gefühle-Wortschatz“: KV 1, S. 75)	**2. Pseudogefühl** Mit einem Pseudogefühl … • wird ein versteckter Vorwurf transportiert. • gebe ich einer Person oder Situation die Schuld für mein Gefühl.

In welchen Sätzen kommen echte Gefühle zum Ausdruck?

a) Ich fühle mich verzweifelt.
b) Ich bin einsam.
c) Ich fühle mich allein gelassen.
d) Ich bin zufrieden.

a), b) und d) = echte Gefühle

GFK-Straße	Nebenstraße
3. Bedürfnis • Alle Menschen haben Bedürfnisse. • Bedürfnisse werden verstanden. • Zur Erfüllung gibt es viele verschiedene Möglichkeiten. (siehe „Bedürfnis-Wortschatz“: KV 2, S. 76)	**3. Strategie** • Eine Strategie lässt nur eine einzige Lösung zu. • Meist wird sie an eine bestimmte Person oder Sache geknüpft.

Wo werden Bedürfnisse, wo Strategien geäußert?

a) Ich brauche Unterstützung.
b) Ich brauche einen Kaffee.
c) Ich brauche mehr Zeit.
d) Ich brauche Entspannung.

a) und d) = Bedürfnisse, b) und c) = Strategien

4. Bitte	**4. Forderung**
Eine Bitte im Sinne der GFK ... • lässt ein Nein zu. • ist konkret. • ist erfüllbar.	Eine Forderung ... • ist oft pauschal. • führt, wenn sie abgelehnt wird, zu Enge.

Welche Bitten sind konkret?

a) Pass bitte besser auf.

b) Kannst du bitte um 9 Uhr kommen?

c) Sage mir bitte, wie ich dir helfen kann.

d) Macht bitte Ordnung.

b) und c) = konkrete Bitte

Inspirationen zum persönlichen Umgang mit der GFK

Eingangs haben wir bereits erwähnt, dass die GFK keineswegs nur ein zu vermittelnder Lernstoff ist. Die persönliche Beschäftigung mit der GFK kann zu einer großen Bereicherung im eigenen Leben werden und nachhaltig im privaten Bereich sowie auf allen schulischen Ebenen wirken. In diesem Kapitel haben wir einige Vorschläge gesammelt, mit denen Sie an eigenen Themen üben können. Da die Inhalte teilweise ineinandergreifen, bitten wir Sie, die Übungen in der Reihenfolge der Nummerierung zu nutzen. Außerdem empfehlen wir zur Lektüre das Grundlagenwerk von Marshall B. Rosenberg „Gewaltfreie Kommunikation: Eine Sprache des Lebens".

TIPP: Legen Sie für die Übungen Ihr individuelles GFK-Erfahrungsheft an.

GFK-Schritt Beobachtung

In der GFK unterscheiden wir Beobachtungen von Bewertungen. Beobachtungen beziehen sich auf eine konkrete Situation und werden bewertungsfrei formuliert. Damit steigt die Wahrscheinlichkeit, dass in einem Konfliktfall beide Seiten einer Beobachtung zustimmen können. So kann ein Ausgangspunkt für ein gemeinsames Gespräch gefunden werden.

In unserer Alltagskommunikation formulieren wir unzählige Bewertungen. Sie vereinfachen das Leben häufig, geben Orientierung oder sind Bestandteil einer lebhaften Mitteilung. In vielen Fällen wirken sie sich nicht hinderlich auf die Verbindung zwischen Gesprächsteilnehmenden aus, können uns zum Handeln motivieren und sogar hilfreich sein.

Beispiele für „harmlose" Bewertungen:

- Schau nur, wie wunderschön die Blumen aussehen! Ich bin ganz verzückt.
- Hier riecht es komisch. Brennt es irgendwo?
- Sarah sieht traurig aus. Ich frage sie, wie es ihr geht.
- Das Orchester hat fantastisch gespielt. Komm doch mit zum nächsten Konzert.
- Ich finde die Lage der Menschen im Katastrophengebiet furchtbar. Ich leiste eine Spende.

Es gibt aber auch zahlreiche Bewertungen, die eine Kommunikation ins Stocken geraten lassen und im Konfliktfall die Suche nach einer konstruktiven Lösung erschweren. Dies kann selbst bei einer positiven Bewertung, die wir als Lob meinen oder die von anderen in dieser Absicht ausgesprochen wird, geschehen. Eine Person wertet eine andere Person, deren Verhalten oder deren erzielte Ergebnisse auf oder ab. Die sprechende Person erhebt sich somit urteilend über eine andere. Dies kann zu Abhängigkeit, Unbehagen, Abwehr, Rechtfertigung, Vorwurf oder Rückzug führen.

Je sensibler wir wahrnehmen, wann wir selbst oder andere eine Bewertung formulieren, desto leichter können wir dieses Muster unterbrechen. Dann kann es uns gelingen, einer Bewertung mit Empathie oder Selbstempathie zu begegnen und eine Beobachtung zu formulieren, die eine neue Gesprächsgrundlage bilden kann.

Beispiele für kommunikationshemmende Bewertungen:

Bewertung:		Mögliche Beobachtung:
Du konzentrierst dich nicht richtig.	⟷	In diesem Abschnitt sehe ich fünf Rechtschreibfehler.
Diesmal hast du dich angestrengt.	⟷	Du hast alle Kommas richtig gesetzt.
Du hast nichts gelernt.	⟷	Du hast das Blatt abgegeben, ohne die Nummer 6, 7 und 8 zu beantworten.
Du bist unbeteiligt.	⟷	Du hast dich in den letzten drei Unterrichtsstunden nicht gemeldet.

Übung 1 Beobachtungen hinter Bewertungen vermuten

Lesen Sie die folgenden Aussagen und überlegen Sie, welche Beobachtung (räumlich/zeitlich konkret) sich hinter der Bewertung verbergen könnte. Hier sind jeweils zahlreiche Antworten denkbar.

a) Frau Maier ist eine Helikopter-Mutter.

z.B.: Frau Maier hat mir in dieser Woche neun E-Mails mit Fragen zur Klassenfahrt geschrieben.
Bei den drei letzten Klassenarbeiten hat Frau Maier meine Korrekturen am Rand kommentiert.

b) Lara kann einfach nicht friedlich sein.

z.B.: Lara hat Max heute in der ersten Pause geschlagen.
Lara hat gestern in der Sportumkleide die Kleidung von Amira auf den Boden geworfen.

c) Ich bin völlig unstrukturiert.

z.B.: Ich habe in der 5c heute die Hefte der 6a ausgeteilt.
Ich habe vergessen, den Konferenztermin zu notieren.

Übung 2 Bewertungen filtern

Zeitbedarf: eine Woche, täglich 5–10 Minuten

Nehmen Sie sich eine Woche lang vor, Ihr Ohr besonders für kommunikationshemmende Bewertungen zu schärfen. Hören Sie bitte sowohl sich selbst als auch anderen mit diesem Filter zu. Notieren Sie bitte jeden Tag eine oder mehrere gehörte Bewertungen möglichst wortgenau. Notieren Sie dazu mögliche Beobachtungen.

GFK-Schritt Gefühl

Werden wir gefragt, wie es uns geht, dann beschränken sich unsere Antworten meist auf wenige Gefühlsäußerungen (z. B. gut, müde, erschöpft, genervt, zufrieden). Ein Blick auf den *„Gefühle-Wortschatz"* (KV 1, S. 75) zeigt, dass die deutsche Sprache unendlich viel mehr Wörter für unser Gefühlsleben bereithält. Natürlich kennen wir die Wörter, setzen sie aber selten in Beziehung zu uns. **Je häufiger wir uns selbst und andere nach dem Befinden fragen und uns Zeit nehmen, in uns hineinzufühlen, desto geläufiger wird uns die Verwendung eines variantenreichen und präzisen Gefühle-Wortschatzes.** Mit fortschreitender Übung erkennen wir auch, ob wir ein echtes Gefühl benennen, für das wir die Verantwortung übernehmen oder ein sogenanntes Pseudogefühl (vgl. KV 1 unten). Bei Letzterem machen wir eine andere Person oder eine Situation für unser Gefühl verantwortlich. In dieser Haltung fällt es uns schwer, offen für konstruktive Veränderung zu sein oder uns selbst dafür einzusetzen. Pseudogefühle transportieren einen versteckten Vorwurf und können daher die Verbindung zwischen den Sprechenden stören. Sie können aber auch eine hilfreiche Etappe auf dem Weg zu echten Gefühlen sein. Sie erlauben uns zunächst einmal, ein Unbehagen überhaupt zu erfassen. In manchen Situationen brauchen wir etwas Zeit, bis wir echte Gefühle, die uns moglicherweise tief bewegen, zulassen können.

Übung 3 Kleine Auszeit für Gefühle

Material: KV 1 „Gefühle-Wortschatz" (S. 75)
Zeitbedarf: eine Woche, 3-mal täglich 2–3 Minuten

Halten Sie bitte 3-mal am Tag inne und fragen Sie sich: Wie geht es mir jetzt gerade? Schließen Sie dabei eventuell die Augen. Fühlen Sie in sich hinein. Welche Gefühle-Wörter tauchen auf? Werfen Sie zum Abschluss gerne einen Blick auf den Gefühle-Wortschatz. Gibt es noch andere Begriffe, die eine Resonanz hervorrufen? Vielleicht möchten Sie „Ihre" Gefühle notieren und am Ende der Woche die Sammlung noch einmal auf sich wirken lassen?

TIPP: Es kann helfen, einen Erinnerungswecker mit einem sanften Klingelton für die Dauer der Woche zu programmieren. Wählen Sie dazu Gelegenheiten aus, in denen Sie sich jeweils ca. 3 Minuten Zeit nehmen können (z. B. direkt nach dem morgendlichen Zähneputzen, sobald alle Schüler*innen nach Unterrichtsende das Klassenzimmer verlassen haben, als Unterbrechung der Korrekturzeit, vor dem Zubettgehen).

Übung 4 Pseudogefühle in echte Gefühle transformieren

Material: KV 1 „Gefühle-Wortschatz" (S. 75), KV 2 „Bedürfnis-Wortschatz" (S. 76)
Zeitbedarf: 10–20 Minuten

Schauen Sie sich bitte die Liste der Pseudogefühle auf KV 1 an. Lassen Sie die Wörter ein wenig auf sich wirken. Gibt es ein Pseudogefühl, das Ihnen vertraut ist? Wann bzw. in welcher Situation haben Sie sich so gefühlt? Wer war eventuell dabei? Wen oder was machen Sie eventuell für Ihr Unbehagen verantwortlich? Entziehen Sie dieser Person, Gruppe oder Situation die Macht, indem Sie das Pseudogefühl durch ein echtes Gefühl ersetzen. Damit übernehmen Sie die Verantwortung für Ihr Fühlen und kommen bei sich selbst an. Nutzen Sie dazu die Gefühle-Liste.

TIPP: Wenn uns bewusst wird, welches Bedürfnis in der Situation unerfüllt war, kann uns dies bei der Suche nach einem echten Gefühl unterstützen. Bedürfnisse im Sinne der GFK finden Sie auf KV 2. Folgendes Beispiel soll dies verdeutlichen:

Sie erfahren, dass Eltern sich über Ihre Korrekturen direkt bei der Schulleitung beschwert haben. Diese hat den Eltern beigepflichtet, ohne Sie selbst hinzuzuziehen.

- **Pseudogefühl** = in den Rücken gefallen
- **unerfülltes Bedürfnis** = Schutz, Respekt, Unterstützung
- **echtes Gefühl** = verletzt, hilflos

GFK-Schritt Bedürfnis

Bedürfnisse haben und kennen wir alle. Wenn wir einem anderen Menschen z. B. mitteilen, dass wir ein Bedürfnis nach Erholung haben, ist die Chance groß, dass er damit etwas verknüpfen und gegenseitiges Verständnis wachsen kann. Selbst wenn die Gesprächsteilnehmenden in diesem Augenblick das Bedürfnis nach Erholung möglicherweise nicht teilen, kennen sie diesen Wunsch sicher aus anderen Zusammenhängen.

Ein Bedürfnis lässt sich auf unterschiedliche Weise stillen. Erholung verschafft uns vielleicht ein Spaziergang, aber auch schon ein kurzes Rekeln, eine Tasse Kaffee, das Öffnen des Fensters oder ein achtsames Ein- und Ausatmen. Durch die Fülle an Möglichkeiten entstehen Weite und die Zuversicht auf Lösung. Dies unterscheidet das Bedürfnis von der Strategie. Bei der Strategie reduziert sich die Auswahl auf eine einzige Möglichkeit. Formulieren wir eine Strategie in dem Bewusstsein, welches Bedürfnis wir uns damit erfüllen möchten, können wir bei Ablehnung unserer Strategie mit größerer Gelassenheit reagieren. Denn wir können darauf vertrauen, dass vielfältige Möglichkeiten zur Bedürfniserfüllung existieren. Das

Bedürfnis selbst ist abstrakt. Dessen Erfüllung ist nicht an die Mitwirkung bestimmter Personen gebunden. **Je sensibler wir für unsere eigenen und die Bedürfnisse anderer werden, desto leichter fällt es uns, aus der Fülle zu schöpfen und Lösungen für konstruktive Veränderung zu finden.** Damit es gelingt, Bedürfnisse zu erkennen und diese auch hinter geäußerten Strategien vermuten zu können, ist es hilfreich, sich der Vielzahl an Bedürfnissen bewusst zu werden. Hierzu dient ein Blick auf die Bedürfnisliste ebenso wie die nachfolgenden Übungen.

Übung 5 Überraschungsbedürfnis

Material: KV 3 „Überraschungsbedürfnis" (S. 77–78), Gefäß
Zeitbedarf: eine Woche oder länger, täglich 3 Minuten

Schneiden Sie die Bedürfniskärtchen aus und bewahren Sie diese in einem schönen Gefäß auf. Ziehen Sie jeden Morgen ein Kärtchen und lassen Sie das Wort auf sich wirken. Was löst der Begriff in Ihnen aus? Ist das Bedürfnis in Ihrem Leben gerade erfüllt oder eher unerfüllt? Nehmen Sie den Begriff gedanklich mit in den Tag. Begegnen Ihnen Situationen, in denen dieses Bedürfnis für Sie oder andere eine Bedeutung hat? Vielleicht möchten Sie manche Eindrücke notieren?

TIPP: Platzieren Sie das Gefäß mit den Kärtchen an einem Ort, an dem Sie im Tagesverlauf gelegentlich vorbeikommen. Legen Sie das gezogene Kärtchen dort aufgedeckt als Erinnerungshilfe ab. Legen Sie es wieder ins Gefäß zurück, bevor Sie am Folgetag das nächste Kärtchen ziehen.

Übung 6 Bedürfnismeditation – Lösungen sammeln

Material: KV 3 „Überraschungsbedürfnis" (S. 77–78)
Zeitbedarf: ca. 10 Minuten

Welches der Bedürfnisse aus Übung 5 hat Sie besonders angesprochen? Erkunden Sie dieses Bedürfnis. Setzen Sie sich bequem, aber aufrecht hin. Schließen Sie die Augen. Nehmen Sie bitte Ihren Atem wahr. Lassen Sie einige Atemrhythmen vergehen. Stehen Sie dann sehr achtsam auf. Lassen Sie dabei Knie- und Kiefergelenke locker. Lassen Sie das Bedürfnis einige Male stumm in sich klingen. Wie geht es Ihnen in Bezug auf dieses Bedürfnis jetzt? Welche Gefühle löst das Bedürfnis möglicherweise aus? Ist es erfüllt oder unerfüllt? Wie fühlt sich das an? Spüren Sie in Ihren Körper hinein. Geben Sie dem Bedürfnis bitte Raum. Wie würde es sich anfühlen, wenn es ganz erfüllt wäre? Welche weiteren Bedürfnisse würden sich dann vielleicht auch noch erfüllen? Nehmen Sie sich in Bezug auf dieses Bedürfnis ganz wahr. Nehmen Sie zum Abschluss bitte einige Atemrhythmen wahr. Öffnen Sie Ihre Augen behutsam. Notieren Sie sich zu diesem Bedürfnis nun möglichst viele Erfüllungsmöglichkeiten. Diese können sich auf eine konkrete Situation beziehen oder auch allgemein sein. Notieren Sie bitte auch abwegige oder in der Umsetzung unwahrscheinliche Lösungen. Vielleicht können Sie sich an der Fülle der Möglichkeiten erfreuen.

GFK-Schritt Bitte

In Form einer Bitte formulieren wir eine Strategie, von der wir uns eine konstruktive Veränderung versprechen. Bei der Bitte spielt die Haltung der GFK eine entscheidende Rolle. Ziel der GFK ist es nicht, von anderen rasch zu bekommen, was wir möchten, und deren Bedürfnisse dabei zu übergehen. Vielmehr geht es um die Verbindung zwischen den Gesprächsteilnehmenden und um eine für alle tragfähige Lösung. Bei der GFK-Bitte schwingt die Frage mit: „Wie geht es dir mit meiner Bitte?" Diese Frage kann natürlich auch explizit formuliert werden. Eine Bitte enthält somit die Bereitschaft, auch bei einer Ablehnung im Gespräch zu bleiben, Bitten der anderen Person anzuhören und gemeinsam nach einer Lösung zu suchen. Bitten können wir sowohl an andere als auch an uns selbst richten. Dabei sollen sie konkret und erfüllbar sein.

Übung 7 Bitten an mich selbst

Material: KV 1 „Gefühle-Wortschatz" (S. 75), KV 2 „Bedürfnis-Wortschatz" (S. 76)
Zeitbedarf: 15–20 Minuten

Erinnern Sie sich an eine Entscheidung, die Sie getroffen haben, durch die sich wichtige Bedürfnisse Ihrerseits nicht erfüllt haben. Was haben Sie gemacht? Wann war das? Wer war daran beteiligt? Welche Bedürfnisse haben sich nicht erfüllt? In welchen Lebenssituationen machen sich die Konsequenzen Ihrer Entscheidung bemerkbar? Welche Gefühle werden dabei ausgelöst? Welche konkreten Bitten könnten Sie an sich selbst richten, damit sich die mit Ihrer Entscheidung zusammenhängenden Bedürfnisse ab jetzt besser erfüllen? Was genau könnten Sie tun? Wer könnte dabei helfen? Wie genau?

Beispiele für Bitten an mich selbst:

Bedürfnis „Klarheit" ➡ Ich wünsche mir von mir selbst, dass ich meine Schulleitung um Bedenkzeit bitte (einen Tag, bis zur Pause, bis zur Rücksprache mit …), bevor ich eine Aufgabe übernehme.

Bedürfnis „Unterstützung" ➡ Ich wünsche mir von mir selbst, dass ich meine Kollegin frage, ob wir den nächsten Test gemeinsam entwerfen.

Bedürfnis „Entspannung" ➡ Ich wünsche mir eine Absprache, wie lange am Abend Elternanfragen beantwortet werden. Ich bringe mein Anliegen in der nächsten Konferenz zur Sprache.

GFK-Schritt Danke

Neben der Möglichkeit, Konflikte mithilfe der GFK-Schritte anzusprechen, bieten die Schritte auch einen wundervollen Rahmen für Dank und Wertschätzung. Bei der Wertschätzung teilen wir einer anderen Person mit, welches positiv erlebte Gefühl ihr Verhalten in uns ausgelöst hat und welches Bedürfnis sich dadurch erfüllt hat. Dafür bedanken wir uns.

1. Beobachtung | 2. Gefühl | 3. Bedürfnis | 4. Danke

Im Unterschied zum Lob erheben wir uns bei einer Wertschätzung nicht urteilend über andere. Mit unserer wertschätzenden Mitteilung öffnen wir uns und gehen in Verbindung.

Beispiele für Wertschätzung

Ich war froh, als du gestern Abend nach dem Elternabend noch auf mich gewartet hast und mich gefragt hast, wie mein Elternabend verlaufen ist. Ich danke dir für die Verbindung und den Austausch. Ich habe mich sehr gefreut, mit meinen Eindrücken nicht alleine zu sein.

Als ich heute Morgen zu spät war und du den Beamer im Klassenzimmer schon hochgefahren hattest, war ich sehr erleichtert. Das war für mich eine echte Entlastung. Ich danke dir.

Danke, dass du mir erzählt hast, wie es dir geht. Ich bin gerührt. Das erfüllt mein Bedürfnis nach Offenheit und Vertrauen.

Hinweis: Aus den obigen Beispielen wird deutlich, dass die Reihenfolge der Schritte nicht entscheidend ist. Meist klingen GFK-Mitteilungen in anderer Schrittfolge in unseren Ohren natürlicher. Auf dem Lernweg ist die Reihenfolge jedoch zunächst eine Unterstützung. Dies gilt sowohl beim Lösen von Konflikten als auch beim Formulieren von Wertschätzung.

Übung 8 Wertschätzungstagebuch

Material: KV 1 „Gefühle-Wortschatz" (S. 75), KV 2 „Bedürfnis-Wortschatz" (S. 76)
Zeitbedarf: eine Woche oder länger, täglich 5–10 Minuten

Nehmen Sie sich am Abend kurz Zeit und lassen Sie den Tag mit wertschätzendem Blick an sich vorüberziehen. Wofür sind Sie heute dankbar? Was lässt ein Lächeln über Ihr Gesicht huschen? Notieren Sie in den GFK-Schritten mindestens eine solche Begebenheit. Nutzen Sie dazu gerne KV 1 und 2. Versuchen Sie dabei, Situationen mit anderen Menschen zu finden. Dank können Sie ebenso wie Bitten auch an sich selbst adressieren.

TIPP: Teilen Sie Ihre Dankbarkeit einer anderen Person in den GFK-Schritten auch tatsächlich mit.

GFK-Schritte zur Gesprächsvorbereitung

Um ein Elterngespräch oder ein Vier-Augen-Gespräch mit Schüler*innen vorzubereiten, bei dem es um streitbare Inhalte geht, können Sie die GFK-Schritte sowohl im Sinne der Selbstempathie als auch der Empathie nutzen. Dabei ist es ratsam, sich zunächst selbst Einfühlung zu geben, um die eigenen Gefühle und Bedürfnisse zu klären (KV 4 „Die Schritte im Konflikt: Selbstempathie", S. 79). Erst wenn wir hier Klarheit haben, wechseln wir die Perspektive (KV 5 „Die Schritte im Konflikt: Empathie", S. 80). Leitmotiv sowohl für die Selbstempathie wie auch die Empathie ist der Wunsch, eine tragfähige Lösung für alle zu finden. Dabei geht es weder um Schuldzuweisungen noch darum, Recht zu behalten oder Recht zu bekommen, sondern um eine aufrichtige Verständigung. Am Ende kann eine gemeinsame Lösung stehen, die wir zuvor vielleicht gar nicht im Sinn hatten.

Im Folgenden stellen wir an einer konkreten Situation die Vorbereitung auf ein Elterngespräch vor. Dabei führen wir beispielhaft verschiedene Pseudogefühle, Gefühle, Bedürfnisse und Bitten auf, die je nach Person natürlich von unterschiedlicher Bedeutung oder möglicherweise auch gar nicht relevant sein können. Wenn wir unsere unerfüllten Bedürfnisse hinter unseren Pseudogefühlen entdecken können, finden wir leichter zu echten Gefühlen, für die wir Verantwortung übernehmen können. Daher haben wir in den Tabellen den Pseudogefühlen verborgene Bedürfnisse zugeordnet, die uns zu den echten Gefühlen führen (vgl. auch Übung 4 *Pseudogefühle in echte Gefühle transformieren*, S. 14).

Hinweis: Eine Situation oder Person ist immer nur Auslöser *(Wenn ich sehe/höre, …)* für mein Gefühl *(fühle ich mich …)*. Die Ursache ist ein (un)erfülltes Bedürfnis *(weil ich … brauche.)*. Solange ich überzeugt davon bin, dass eine Situation oder Person für meine Gefühle verantwortlich ist, bin ich in Pseudogefühlen verhaftet.

Situation: Paul, ein Junge aus der sechsten Jahrgangsstufe, bricht in Tränen aus, wenn er nicht wenigstens die Notenstufe Zwei in einem Test erzielt. Den Tränen folgt regelmäßig ein Wutausbruch, bei dem er Mitschüler*innen oder Lehrkräfte beschimpft, an Möbel tritt und beim Verlassen des Klassenzimmers die Tür zuwirft. Der letzte Vorfall dieser Art war bei der Rückgabe des Mathe-Tests in der vergangenen Woche. Paul hatte die Note Drei. Er hat seinen Test zerknüllt und der Lehrkraft vorgeworfen: „Scheiße! In Ihrem Unterricht lernt man einfach nichts." Er hat an einen Stuhl getreten. Dieser ist umgefallen und die Lehne hat einen Sprung. Auf Gesprächsangebote der Lehrkraft ist Paul nicht eingegangen. Die Lehrkraft sucht das Gespräch mit den Eltern.

GFK-Schritte im Konflikt: Selbstempathie

Solange wir selbst noch in unseren Gedanken, Urteilen und Vorwürfen gefangen sind, verstellen diese den empathischen Blick auf andere. Auf dem Weg der Selbsteinfühlung ist es daher meist hilfreich, einen „Umweg" über Pseudogefühle und Bewertungen zu nehmen. Gelingt es uns, dahinter unsere Bedürfnisse zu hören, eröffnet uns dies die Möglichkeit, nach Lösungen zu suchen und später auch hinter den Urteilen oder Vorwürfen, die Eltern oder Schüler*innen im Gespräch möglicherweise äußern, deren Bedürfnisse zu vermuten.

Sehr hilfreich kann es sein, eine vertraute Person zu bitten, Sie auf dem Weg der Selbsteinfühlung zu unterstützen. Im Unterschied zu einem herkömmlichen Austausch über eine belastende Situation geht es dabei nicht darum, dass die Person Sie in Ihren Gedanken und Urteilen bekräftigt („Das ist wirklich unverschämt. Wie können sich die Eltern nur so verhalten? Das darfst du dir nicht gefallen lassen!" usw.). Stattdessen hört die unterstützende Person hinter Ihre Gedanken und Urteile und stellt empathische Vermutungen an („Du bist verletzt? Brauchst du Vertrauen?" usw.). Einem einfühlsamen Gegenüber gelingt es bisweilen leichter, Vorurteile in Bedürfnisse zu verwandeln, weil diese Person weniger eng mit dem Konflikt verwoben ist. Im Idealfall ist die vertraute Person bereits GFK-erfahren. Andernfalls können Sie mithilfe der Erläuterungen zur Übung *Empathie – oder nicht?* (siehe S. 59) klären, was Sie sich von der anderen Person wünschen.

Beobachtung

Was habe ich gesehen?
Was habe ich gehört?
Wann war das?
Wo war das?
Wer war eventuell beteiligt?

Am letzten Donnerstag habe ich den Mathe-Test am Ende der Unterrichtsstunde ausgeteilt. Paul hatte eine Drei. Er hat seinen Test zerknüllt und das Papier durch den Raum geworfen. Er hat geschrien: „Scheiße! In Ihrem Unterricht lernt man einfach nichts." Er hat an einen Stuhl getreten. Dieser ist umgefallen und dabei ist die Lehne gesprungen. Ich habe Paul gebeten, in der Pause mit mir zu sprechen. Er hat abgelehnt und gesagt: „Das hat sowieso keinen Sinn."

Urteile/Gedanken/ Bewertungen

Welche Urteile/Gedanken/ Bewertungen hatte oder habe ich?

Es nervt mich, dass die Rückgabe von Tests immer mit so einem Theater endet. Als ob es nicht schon genug Stress gäbe! Rumschreien und Dinge beschädigen ist einfach indiskutabel. Paul ist ein Streber und hat überhaupt keine Frustrationstoleranz. Wie soll er jemals im Leben klarkommen? Mein Unterricht ist gut. Andere schreiben schließlich auch gute Noten. Mathe fällt Paul nicht zu. Dann muss er halt mehr tun, Nachhilfe nehmen oder akzeptieren, dass eine Drei seinem Können entspricht. Er hat einfach keine Selbsteinschätzung. Pauls Eltern setzen den armen Jungen viel zu sehr unter Druck. Noten sind doch nicht alles. Wenn es nicht um Noten geht, ist Paul so ein netter Schüler. Die Eltern sehen gar nicht, welche Qualitäten ihr Sohn hat.

Pseudogefühl ➡ Bedürfnis dahinter

Wie habe ich mich in der Situation gefühlt?

1. **genervt** *(Paul stört einfach.)*
   ➡ Leichtigkeit, Entspannung, Harmonie
2. **unter Druck gesetzt** *(Ich denke, dass von mir erwartet wird, dass ich für Ruhe sorge, alles unter Kontrolle habe ...)*
   ➡ Entlastung, Teilen von Verantwortung
3. **angegriffen** *(Paul beschimpft mich.)*
   ➡ Wertschätzung, Akzeptanz, Verständnis, Sicherheit
4. **abgewertet** *(Mein Unterricht ist gut.)*
   ➡ Gesehenwerden, Beitragen, Respekt
5. **abgelehnt** *(Paul geht nicht auf mein Gesprächsangebot ein.)*
   ➡ Verbindung, Wirksamkeit, Perspektive
6. **überfordert** *(Die ganze Schulsituation ist anstrengend.)*
   ➡ Hilfe, Unterstützung, Klarheit, Perspektive

Gefühl ♡ Welche echten Gefühle habe ich jetzt in Bezug auf die Situation?	**1., 4., 6. frustriert** *(Ich möchte freudvollen, inspirierenden Unterricht für alle machen.)* **1., 2. erschöpft** *(Ich fühle mich verantwortlich für ein lernwirksames, entspanntes Unterrichtsklima.)* **2., 5. ratlos, besorgt** *(Ich sorge mich um die Sicherheit aller, um Pauls Entwicklung. Ich habe wenig Zeit, Veränderung zu bewirken.)* **3. schockiert, hilflos** *(Ich kann Pauls Ausbrüche nicht einordnen. Ich kann sie auch nicht bremsen.)*
Bedürfnis Welche Bedürfnisse hatte/habe ich?	**1. Leichtigkeit, Entspannung, Harmonie** **2. Entlastung, Teilen von Verantwortung** **3. Wertschätzung, Akzeptanz, Verständnis, Sicherheit** **4. Gesehenwerden, Beitragen, Respekt** **5. Verbindung, Wirksamkeit, Perspektive** **6. Hilfe, Unterstützung, Klarheit**
Bitte Welche Bitten an mich selbst und/oder die Eltern/den*die Schüler*in habe ich?	**1., 2., 6.** ➡ Ich spreche mit der Klassenleitung/Schulleitung/Schulpsychologin/dem Schulpsychologen, um die Situation zu teilen und transparent zu machen. Ich bitte um Unterstützung bei der Suche nach Lösungen und nach einem Vorgehen in Bezug auf die Sachbeschädigung. **2.** ➡ Ich bitte die Eltern um ein Gespräch, um zu erfahren, welche Erwartungen sie an Paul haben, wie sie die Situation wahrnehmen und wie es ihnen damit geht. Haben sie Lösungsideen? Gibt es schon Maßnahmen? **3.** ➡ Bevor ich einen Test zurückgebe, mache ich mir klar, dass ich nicht für Pauls Gefühle verantwortlich bin. **3., 5.** ➡ Ich gehe auf Paul in einer entspannten Situation zu und bitte um ein Gespräch. Welche Veränderungsmöglichkeiten sieht er? Welche sehe ich? **4., 5.** ➡ Ich spreche über Leistungsdruck mit der Klasse und bitte die Schüler*innen, sich über ihre Erfahrungen und Strategien auszutauschen. Ich biete an, das Klassenzimmer während des Austausches zu verlassen und in Rufweite zu bleiben. **5.** ➡ Ich überlege, in welchen Situationen ich Paul wertschätzen kann.

GFK- Schritte im Konflikt: Empathie

Bei der empathischen Vorbereitung eines Gespräches antizipieren wir mögliche Inhalte. Das eigentliche Gespräch kann naturgemäß andere Wendungen nehmen. Eine solche Vorbereitung hilft uns, auch im Verlauf des Gespräches empathisch zu bleiben und im Blick zu behalten, dass sich auch der Mensch auf der anderen Seite nach der Erfüllung von Bedürfnissen sehnt.

Ein Gespräch wird sich vermutlich dialogisch zwischen den Eltern und Ihnen entwickeln. Hilfreich kann es sein, Aussagen der Eltern gelegentlich noch einmal zu spiegeln (z. B.: „Ich würde gerne noch einmal wiedergeben, was ich gehört/verstanden habe …" oder „Bei mir kam an, dass …"). Dabei kommt es nicht auf die wörtliche Wiedergabe des Gehörten, sondern vielmehr auf den Inhalt an. Dies kann das Gehört- und Verstandenwerden unterstützen sowie Vertrauen und Verbindung fördern. Äußern Eltern Pseudogefühle und Vorwürfe, übersetzen wir diese in echte Gefühle und Bedürfnisse durch empathisches Nachfragen bzw. Vermuten.

Eine mögliche Gesprächseröffnung: Ich bin dankbar, dass Sie Zeit für unser Gespräch finden. Ich bin unsicher, was Paul Ihnen vom letzten Matheunterricht erzählt hat. Darüber würde ich gerne mit Ihnen sprechen und von Ihrer Einschätzung hören.

Beobachtung *Vermuten Sie bitte:* Was haben die Eltern gesehen/gehört? Wer war eventuell beteiligt?	Ich habe gesehen, dass Sie den Mathe-Test von Paul unterschrieben haben. Sie wissen daher, dass er eine Drei hat. *(Sollten die Eltern über die weiteren Vorkommnisse keine Kenntnis haben, teile ich meine Beobachtungen mit [s.o.] und frage an dieser Stelle nach, wie es ihnen damit geht.)*
Gefühl *Vermuten Sie bitte im Vorfeld:* Wie ging es den Eltern? Wie geht es den Eltern in Bezug auf die Situation jetzt? *Im Gespräch fragen Sie:* Wie geht es Ihnen damit? *Übersetzen Sie Pseudogefühle. Spiegeln Sie Gefühle, die Sie „hören".*	1. **enttäuscht** *(Erwarten Sie andere Noten von Paul?)* 2. **ratlos/hilflos/verzweifelt** *(Sie finden selbst keinen Zugang zu Paul? Sie möchten, dass Paul glücklich ist?)* 3. **unter Druck/besorgt** *(Sie sorgen sich um Pauls Zukunft?)* 4. **erschrocken/peinlich berührt** *(Sie möchten, dass Paul sich an Regeln hält/respektvoll ist/keine Dinge beschädigt?)* 5. **unsicher** *(Sie können Paul in Mathe nicht helfen? Sein Verhalten verunsichert Sie ebenfalls?)* 6. **überlastet** *(Sie möchten, dass die Schule das in den Griff bekommt?)*
Bedürfnis *Vermuten Sie bitte im Vorfeld:* Welche Bedürfnisse haben die Eltern? *Fragen Sie im Gespräch:* Was brauchen Sie? *Übersetzen Sie Strategien.*	1. **Zuversicht, Vertrauen, Gelassenheit, Verständnis** 2. **Verbindung, Unterstützung, Hoffnung** 3. **Zuversicht, Vertrauen, Gelassenheit, Verständnis** 4. **Sicherheit, Klarheit** 5. **Beitragen, Vertrauen** 6. **Entspannung, Unterstützung**
Bitte *Vermuten Sie bitte im Vorfeld:* Welche Bitte könnten die Eltern formulieren?	**1., 2.** ➡ Sie wünschen sich, dass Sie Paul sagen können, dass Sie ihn unabhängig von seinen Leistungen lieben und er das glaubt. **2.** ➡ Sie möchten Paul in seiner psychischen Gesundheit unterstützen. *(Therapie, Sport …)* **3., 5., 6.** ➡ Sie wünschen sich, dass es Matheförderkurse gibt. Sie möchten Informationen zu Nachhilfe und Finanzierungsmöglichkeiten bekommen.

4. ➡ Sie möchten, dass Paul den kaputten Stuhl vom Taschengeld bezahlt und er lernt, Verantwortung zu übernehmen.
4. ➡ Sie möchten, dass die Schule Ihre Erziehungsanstrengungen sieht.
6. ➡ Sie wünschen sich ein langsameres Vorgehen im Mathematikunterricht und wöchentliche Wiederholungsphasen.

Gewaltfreie Kommunikation im Unterricht

In den folgenden Modulen finden Sie Anregungen zur Einführung der GFK im Unterricht. Dafür bieten sich verschiedene Einsatzmöglichkeiten an:

- Im Rahmen von Projekttagen kann ein Einstieg ins Thema geschaffen werden. Besonders fruchtbar sind hier die Kennenlern-Tage, die häufig zum Eintritt in die weiterführende Schule zu Beginn der 5. Jahrgangsstufe durchgeführt werden.
- Im Rahmen von Klassenfahrten können Arbeitsphasen für die Beschäftigung mit einzelnen Modulen genutzt werden.
- In einigen Fächern lässt sich die GFK mit Lehrplaninhalten verknüpfen. Zu nennen sind hier die Fächer Deutsch, Religion, Ethik, Sozialkunde, Politik und Psychologie.
- Im Rahmen von AG-Stunden können interessierte Schüler*innen die GFK erlernen und später als empathische Ansprechpartner*innen von Mitschüler*innen kontaktiert werden sowie als Multiplikator*innen ihre Fähigkeiten vermitteln.

Selbst wenn Ihnen nur Zeit für wenige ausgewählte Inhalte bleibt, können Sie mit Ihrer eigenen Haltung zu einer Veränderung des Klassenklimas und dem konstruktiven Umgang mit Konflikten beitragen.

1. Sprechen Sie selbst Konflikte im Unterricht immer in den GFK-Schritten an. Die Schüler*innen erleben auf diese Weise implizit, dass das Benennen von Gefühlen und Bedürfnissen zu einer verbindenden Atmosphäre im Klassenzimmer beitragen kann.

Beispiel 1:

Jakob, du hast in dieser Woche zum dritten Mal die Hausaufgabe nicht erledigt. Das irritiert mich und ich bin ratlos. Ich brauche Klarheit. Ich möchte verstehen, was los ist (Verständnis). Kannst du mir bitte sagen, was du brauchst, um die Hausaufgabe pünktlich erledigen zu können?

Beispiel 2:

Es hat heute sieben Minuten gedauert, bis alle im Klassenzimmer und an ihren Plätzen waren. Ich bin mit dieser Situation unzufrieden und ich fühle mich gestresst, wenn sieben Minuten der Unterrichtszeit auf diese Weise vergehen.

Ich möchte die Zeit mit euch gerne effizient (Effizienz) und zugleich entspannt (Entspannung) verbringen. Wie geht es euch mit dem Klassenzimmerwechsel? Was braucht ihr? Habt ihr Ideen, wie wir die Situation verändern könnten? Ich möchte damit jetzt keine Zeit verbringen. Seid ihr bereit, eure Ideen aufzuschreiben und die Klassensprecher*innen tragen sie gesammelt in der nächsten Stunde vor? Können wir dann gemeinsam überlegen, was wir verändern können?

Hinweis: Natürlich gibt es keine Gewähr dafür, dass die GFK-Schritte unmittelbar zu einer Lösung von Konflikten führen. Die Aussicht, dass sich Konflikte konstruktiv und nachhaltig lösen lassen, steigt aber gewiss.

Für viele Schüler*innen ist es zunächst möglicherweise überraschend, dass …
- Sie wirklich wissen möchten, wie es ihnen geht.
- Sie wirklich wissen möchten, welche Bedürfnisse sie haben.
- Sie eine gemeinsame Lösung anstreben.
- Sie diese Lösung nicht einfach anordnen.

Die Schüler*innen haben vermutlich zahlreiche andere Erfahrungen im Laufe ihrer Schulzeit gesammelt. Sie brauchen daher wachsendes Vertrauen, dass am Ende eben keine Sanktion, sondern eine gemeinsame Lösung steht.

2. Auch wenn ein GFK-Gespräch mit allen Schritten im oftmals eng getakteten Unterrichtsalltag nicht immer möglich sein mag, können Sie die Bedürfnis-Frage stellen. Wird das Bedürfnis erkannt, stellt sich oftmals bereits ein wenig Entspannung ein und das eigentliche Gespräch kann bei Bedarf zu einem späteren Zeitpunkt nachgeholt werden. Wir haben schon darauf hingewiesen, dass die Bedürfnis-Frage „Was brauchst du?" häufig mit einer Strategie beantwortet wird. „Übersetzen" Sie bitte in diesem Fall in mögliche Bedürfnisse durch empathische Vermutungen. Losgelöst von den anderen GFK-Schritten, führt die Bedürfnis-Frage gelegentlich auch dazu, dass Schüler*innen das Problem benennen. Auch dahinter können Sie Bedürfnisse vermuten.

Beispiel:
Lia beteiligt sich im Hauswirtschaftsunterricht wie schon in den vorausgegangenen Hauswirtschaftsstunden und auch nach wiederholter Aufforderung nicht am Schneiden von Zwiebeln. Eine herkömmliche Reaktion der Lehrkraft könnte die Androhung von Nacharbeit oder eines Verweises sein.
Möglicherweise nimmt die Schülerin dann sogar widerwillig ihre Arbeit auf. Vermutlich leidet die Verbindung zwischen Ihnen und der Schülerin sowie die entspannte und vertrauensvolle Atmosphäre in der Klasse. Alternativ könnten Sie die Schülerin fragen, was sie jetzt gerade braucht. Eine mögliche Antwort der Schülerin könnte sein: „Dann muss ich wieder heulen und Timur lacht mich aus." Hier könnten Sie nachfragen: „Du brauchst also Schutz und wünschst dir Respekt?" „Ja." „Das verstehe ich. Ich würde gerne darüber mit dir in Ruhe sprechen und mit dir nach einer Lösung suchen. Jetzt ist dafür die Zeit zu knapp. Wann können wir miteinander sprechen? (in der nächsten Pause, nach der Schule …) Ich bitte dich, mitzuhelfen, damit wir unser geplantes Gericht fertigkriegen. Wir brauchen dafür

reichlich Zwiebeln. Ich befürchte, ohne deine Unterstützung schaffen wir das nicht." Ist die Bitte keine versteckte Forderung, lässt sie auch ein Nein der Schülerin gelten.

Hinweis: Es ist natürlich nicht gesagt, dass Ihre Bedürfnis-Frage und Ihre anschließende Bitte dazu führen, dass die Schülerin die Zwiebeln schneidet. Die Aussichten steigen aber und die Chance, in einem späteren Gespräch eine tragfähige Lösung zu finden, ebenfalls. Außerdem verändert sich möglicherweise Ihr Blick auf die Schülerin. Vielleicht hatten Sie zuvor Gedanken und Urteile („Lia will nur provozieren." oder „Lia ist faul/stellt sich an.") und nun können Sie empathischer auf die Situation blicken. Es gilt, abzuwägen, ob Timur an der Situation tatsächlich beteiligt ist oder Lia dessen Verhalten interpretiert. Je nach Situation kann es durchaus sinnvoll sein, auch Timur um ein Gespräch zu bitten. Ebenso könnte im Gespräch mit Lia der Wunsch entstehen, die Situation mit Timur direkt zu klären. Die Lehrkraft kann hier anbieten, ein solches Gespräch empathisch zu begleiten.

3. Nehmen Sie bitte bei Konflikten zwischen Schüler*innen eine moderierende Rolle ein. Stellen Sie klar: **Es geht nicht darum, herauszufinden, wer schuld ist oder Recht hat, sondern darum, eine gemeinsame Lösung zu finden.** Am Ende des Gespräches soll keine Bestrafung stehen, sondern eine neue Verbindung. Auch wenn der Gruppe die GFK-Schritte noch nicht bekannt sind, können Sie zunächst eine Beobachtung aus den Informationen des Konfliktpaares filtern, der beide Seiten zustimmen können. Durchaus können die Schüler*innen hier selbst gebeten werden, ihre Aussagen konkret und bezogen auf eine Situation zu formulieren. Hilfreich kann es sein, die Sprechenden zu bitten, möglichst wertungsfreie Formulierungen/Beschreibungen zu finden, der auch unbeteiligte Dritte zustimmen könnten. Meist führt danach die Bedürfnisfrage („Was brauchst du?") zu einer ersten Entspannung, weil sich die Streitenden gehört fühlen. In der Regel werden sie hier Strategien nennen. „Übersetzen" Sie diese bitte in Bedürfnisse.

4. Formulieren Sie statt eines Lobes Wertschätzung in den GFK-Schritten. Dabei geht es nicht darum, die Wertschätzung zu instrumentalisieren. Bitte lenken Sie Ihren Blick ruhig auf Kleinigkeiten, die sonst eher ungesagt bleiben. Erfahrungsgemäß finden sich dann viele Situationen, für die wir aufrichtig Danke sagen können und wollen.

Wo fängt für dich Gewalt an? – Annäherung an die GFK

Ziele:
- ➡ Begriff „Gewalt" klären und reflektieren
- ➡ reflektieren, warum und mit welchem Ergebnis Menschen Gewalt anwenden
- ➡ Erfinder der GFK, Marshall B. Rosenberg, kennenlernen

INFO

Gewalt

Gewalt kann sich gegen Menschen, Tiere oder Dinge richten. Durch den Einsatz von Gewalt wird ihnen absichtsvoll Schaden zugefügt. Gewalt kann körperlich oder psychisch ausgeübt bzw. erlitten werden.

Definition von Gewalt: „Der absichtliche Gebrauch von angedrohtem oder tatsächlichem körperlichen Zwang oder physischer Macht gegen die eigene oder eine andere Person, gegen eine Gruppe oder Gemeinschaft, der entweder konkret oder mit hoher Wahrscheinlichkeit zu Verletzungen, Tod, psychischen Schäden, Fehlentwicklungen oder Deprivation führt."

Quelle: Weltgesundheitsorganisation: Weltbericht Gewalt und Gesundheit: Zusammenfassung. Bonn: WHO Regionalbüro für Europa 2003, S. 6. (www.gewaltinfo.at/uploads/pdf/WHO_summary_ge.pdf, letzter Zugriff: 06.07.2023).

Je nach Jahrgangsstufe lässt sich hier der Begriff der Staatsgewalt ergänzend und abgrenzend definieren.

Definition von Staatsgewalt: „Staatsgewalt bezeichnet die auf eigenem Recht beruhende Herrschaftsmacht, über die ein Staat bezogen auf das eigene Staatsgebiet (Gebietsmacht) und auf die eigenen Staatsangehörigen (Personalhoheit) verfügt. Zu unterscheiden sind a) die Institutionen der Staatsgewalt (Legislative, Exekutive, rechtsprechende Gewalt); b) das Gewaltmonopol, das ausschließlich dem Staat das Recht zubilligt, zur Durchsetzung der Rechtsordnung physische Gewalt anzuwenden.
Die Staatsgewalt wird in den modernen Demokratien nach innen durch die Grundrechte und Menschenrechte und nach außen durch internationale Verträge und das Völkerrecht begrenzt."

Quelle: Schubert, Klaus/Klein, Martina: Das Politiklexikon. 7., aktual. u. erw. Aufl. Bonn: Dietz 2020. Lizenzausgabe Bonn: Bundeszentrale für politische Bildung. (www.bpb.de/kurz-knapp/lexika/politiklexikon/18270/staatsgewalt/, letzter Zugriff 06.07.2023).

ÜBUNG 1 Wo fängt für dich Gewalt an?

Zeitbedarf: 90 Minuten
Material: KV 6 „Gewaltsituationen" (S. 81) bzw. Download 1,
ggf. KV 7 „Vorlage für die Notiz eigener Gewalterfahrungen" (S. 82),
KV 8 „Wo fängt für dich Gewalt an?" (S. 83),
KV 9 „Marshall B. Rosenberg – ‚Erfinder' der Gewaltfreien Kommunikation" (S. 84),
ggf. 3 oder 4 Blanko-Wortkarten pro Paar oder Kleingruppe,
ggf. Beamer, Smart- oder Whiteboard für Download 1
Sozialform: Plenum, Einzelarbeit, Paararbeit oder Kleingruppen
Vorbereitung: Kopieren Sie die KV 8, 9 und ggf. 6 und 7 in Klassenstärke.

Hinweis: Bei der Auseinandersetzung mit dem Thema „Gewalt" bitten wir Sie, im Blick zu behalten, dass möglicherweise in der Klasse Kinder/Jugendliche sind, die selbst äußerst belastende Gewalterfahrungen mitbringen und Hilfe benötigen. Insbesondere aus Scham über die erlittene Gewalt, aus Sorge, nicht ernst genommen zu werden oder schwach zu erscheinen, bleibt dies oft im Verborgenen. Sprechen Sie an, dass es Hilfen gibt, dass das Erleiden von Gewalt gestoppt werden kann und dass belastende Erfahrungen aufgearbeitet werden können. Verweisen Sie bitte auf Notfallnummern (z. B. die **Nummer gegen Kummer: 116 111**; das Kinder- und Jugendtelefon ist bundesweit anonym kostenlos vom Handy und Festnetz erreichbar), Schulpsycholog*innen oder Beratungslehrkräfte. Bieten Sie, wenn möglich, selbst ein persönliches Vier-Augen-Gespräch in einem geschützten Rahmen (nach dem Unterricht, in der Pause o. Ä.) an.

Die folgenden Situationen/Aussagen können die Schüler*innen zum Austausch über das Thema „Gewalt" anregen. Deutlich wird hierbei, dass Verletzungen durch körperliche, aber auch durch verbale Gewalt und die Ausübung von Macht über andere entstehen. Nicht immer wird Einigkeit darüber herrschen, was bereits als Gewalt und was noch als freundschaftliches Gerangel oder kumpelhafter Umgangston einzustufen ist. Entscheidend ist hierbei nicht ein Konsens, sondern die Sensibilisierung für Gewalt und deren Auswirkungen.

Die Fotos (KV 6 bzw. Download 1) können als Einstieg ins Thema „Gewalt" genutzt werden. Teilen Sie die KV aus oder zeigen Sie die Bilder an der (digitalen) Tafel.

IMPULSFRAGEN:

Was ist auf den Fotos zu sehen? Was haben sie gemeinsam?
Sieht Gewalt immer so dramatisch aus? Was würdest du noch als Gewalt bezeichnen?

Mögliche Antworten:
Beschimpfungen, Beleidigungen, Bullying/Mobbing, Cybermobbing, Schlagen, Treten, Mord, Drohen, Diebstahl/Raub, Vandalismus, gewalttätige Ausschreitungen bei Massenveranstaltungen (z. B. am Rande von Demonstrationen, Sportereignissen), Diskriminierung (Rassismus, Sexismus, Ableismus),

Vertreibung, Krieg, sexuelle Übergriffe (Missbrauch, Vergewaltigung), Entzug von Fürsorge, Umweltzerstörung, Tierquälerei

?? In welchen Situationen hast du Gewalt selbst erlebt oder beobachtet?

Hier kann eventuell KV 7 zum Einsatz kommen.

TIPP: Je nach Klassensituation/individueller Erfahrung kann es hier Hemmungen geben, eigene erlebte Gewaltsituationen vor der Klasse anzusprechen. Auf KV 7 finden Sie daher Sprechblasen, auf denen die Schüler*innen ihre Erfahrungen anonym notieren können. Damit auch aufgrund der Handschriften keine Zuordnung erfolgen kann, weisen Sie die Schüler*innen darauf hin, dass sie ihre Handschrift für diese Notizen bewusst etwas verändern können (z. B. nur Großbuchstaben, kippen nach links/rechts …). Nach dem Einsammeln können sie einige davon als Grundlage für die weitere Aussprache vorlesen. Um alle Notizen zu würdigen, werden die restlichen Sprechblasen auf einem Plakat „So erleben wir Gewalt" gesammelt.

?? Wie hast du dich in diesen Situationen gefühlt?
Alternativ: Wie haben sich die Schüler*innen vielleicht gefühlt, die die obigen Situationen aufgeschrieben haben?

?? Wo fängt für dich Gewalt an?

KV 8 eignet sich zunächst für eine kurze Einzelarbeit. Ein Austausch über die eigene Bewertung der Situationen/Aussagen in Kleingruppen oder im Plenum kann sich daran anschließen.

Eine Plenumsrunde schließt die Reflexion über den Begriff „Gewalt" ab und leitet mit Fragen zu Gründen für und Konsequenzen von Gewalt zur Entwicklung des Modells der GFK über.

IMPULSFRAGEN FÜR DIE PLENUMSRUNDE:

?? Wie beeinflusst Gewalt unser Zusammenleben in der Klasse, der Schule, der Familie, auf der Welt?

Mögliche Antworten:

- ➡ Erlittene Gewalt führt zu Unsicherheit, Angst und Ohnmachtsgefühlen.
- ➡ Erlittene Gewalt führt zu Rachegefühlen und erzeugt Gegengewalt.
- ➡ Ausgeübte Gewalt kann **kurzfristig** zu einem Erlebnis von Stärke und Macht führen.
- ➡ Ausgeübte Gewalt führt **langfristig** zu Schuld und Scham und erzeugt Leugnung, Vertuschung und weitere Gewalt.
- ➡ Gewalt zerstört Vertrauen und Beziehungen.
- ➡ Gewalt führt zu keiner dauerhaften Konfliktlösung.
- ➡ Gewalt macht unglücklich und einsam.

Warum wenden Menschen Gewalt an?
Wie fühlen sich Menschen, die Gewalt anwenden?
Denkt an Situationen, in denen ihr schon einmal Gewalt angewendet habt.

Hier können Antworten im gemeinsamen Gespräch gesammelt werden. Teilen Sie alternativ drei oder vier Blanko-Wortkarten an Paare oder Kleingruppen zum Notieren der Antworten aus. An der Tafel können die Antworten dann gesammelt und gruppiert werden.

Mögliche Antworten:

- ➡ Sie finden/kennen keine anderen Mittel, um ihre Ziele durchzusetzen.
- ➡ Ihnen fehlt das Vertrauen, auch ohne Gewalt ihre Wünsche umsetzen zu können.
- ➡ Sie fühlen sich unsicher und wollen mit Gewalt oder der Androhung von Gewalt andere kontrollieren.
- ➡ Sie haben in der Familie die Erfahrung gemacht, dass sich durchsetzt, wer Gewalt anwendet.
- ➡ Sie fühlen sich klein, hilflos oder ohnmächtig. Die Ausübung oder Androhung von Gewalt gibt ihnen ein Gefühl von Stärke.
- ➡ Sie möchten zu einer Gruppe gehören und sich über die Ausübung von Gewalt Anerkennung verschaffen.
- ➡ Sie glauben, dass sich Konflikte so schneller klären lassen.
- ➡ Sie benutzen Gewalt, weil andere dies auch tun.

Was würde sich verändern, wenn es keine Gewalt gäbe?

Das Infoblatt zu Marshall B. Rosenberg und der Entstehung der GFK (KV 9) kann nach der Plenumsrunde zum Lesen im Unterricht oder als Hausaufgabe eingesetzt werden.

Giraffen- und Wolfssprache – Die Haltung in der GFK

Ziele:
- ➡ unterschiedliche Haltungen im Konflikt erleben
- ➡ Reaktionsmuster auf Vorwürfe reflektieren
- ➡ Merkmale der Giraffen- und Wolfssprache kennenlernen

INFO

Die Haltung in der GFK

In der Gewaltfreien Kommunikation (GFK) geht es nicht darum, Recht zu bekommen, den eigenen Standpunkt durchzusetzen oder jemandem Schuld zu geben. Die GFK ist eine Sprache, die dem Leben dienlich ist und zu Verbindung beiträgt. Mithilfe der GFK können wir in Konfliktsituationen Lösungen finden, bei denen die Bedürfnisse aller berücksichtigt werden. Dabei entstehen oftmals gemeinsame Lösungen, die zu Beginn eines Konfliktes noch undenkbar waren.

ÜBUNG 2 Standpunktspiel

Zeitbedarf: 15 Minuten
Material: akustisches Signal zum Beenden der Spielrunden, Bewegungsraum (Turnhalle, Pausenhof, Aula …)
Sozialform: Plenum, Paararbeit

Über ein Bewegungsspiel können die Schüler*innen erfahren, wie sich verschiedene innere Haltungen auf den eigenen Standpunkt, die Auseinandersetzung und die Verbindung zu anderen auswirken können. Das Spiel besteht aus zwei Spielrunden.

Zwei Spielende stehen sich mit etwas weniger als zwei Armlängen Abstand gegenüber. Die Füße stehen hüftbreit und parallel nebeneinander. Nun versuchen sich beide gegenseitig aus dem Stand zu stoßen bzw. im übertragenen Sinne von ihrem Standpunkt abzubringen. Dabei darf nur mit Handflächen gegen Handflächen gestoßen werden. Die Hände dürfen nicht festgehalten werden. Sobald man den restlichen Körper des*der Mitspielenden berührt oder aus der parallelen Fußstellung wankt, ist dies ein Punkt für das Gegenüber.

TIPP: Strategisch kann es sinnvoll sein, gelegentlich die eigenen Hände im Moment des gegnerischen Stoßens zur Seite zu ziehen und den „Angriff" so ins Leere laufen zu lassen. Die andere Person gerät dann ihrerseits leicht aus dem Stand und kippt nach vorn. Weisen Sie beim Erklären der Spielregeln darauf hin, dass auch „foppen" oder „bluffen" erlaubt sind, ohne jedoch die Wirkung zu erläutern.

Hinweis: Bei diesem Spiel soll und darf ruhig gelacht werden. Konstruktive Konfliktlösung macht Spaß!

Nach einer kurzen Erprobung der Regeln werden folgende Aufträge gegeben:

Auftrag für die erste Spielrunde:
Denkt bitte beim Stoßen beide: Ich will mein Gegenüber aus dem Stand bringen.
Nehmt dabei bitte wahr:

- Wie fühlt sich dein Körper an?
- Welche Gedanken und Gefühle hast du?
- Wie hört es sich im Raum an?

Hinweis: Die erste Runde kann mit anderen Partner*innen wiederholt werden. Dabei kann deutlich werden, dass sich die Wahrnehmungen unabhängig vom Gegenüber ähneln.

Auftrag für die zweite Spielrunde:
Denkt beim Stoßen bitte nun beide: Ich bin stabil.
Nehmt dabei bitte wahr:

- Wie fühlt sich dein Körper in dieser Runde an? Gibt es Unterschiede zur ersten Runde?
- Welche Gedanken und Gefühle hast du?
- Wie hört es sich im Raum an? Gibt es Unterschiede zur ersten Runde?

IMPULSFRAGEN FÜR DIE REFLEXION:

Wie ging es euch in der ersten, wie in der zweiten Runde?
Welche Wahrnehmungen hattet ihr?

Die Mehrzahl der Schüler*innen wird folgende Wahrnehmungen äußern:
➡ In der ersten Runde habe ich mehr auf mein Gegenüber geachtet.
➡ In der ersten Runde bin ich selbst leichter aus dem Gleichgewicht geraten.
➡ In der ersten Runde war mehr Angriff und Wettkampf dabei.
➡ In der ersten Runde war es lauter.
➡ Ich war in der zweiten Runde stabiler und fester am Boden verwurzelt.
➡ Ich habe in der zweiten Runde mehr auf mich geachtet.

Hinweis: Es ist zu erwarten, dass einzelne Schüler*innen von gegenteiligen Wahrnehmungen berichten. Wir bitten darum, alle Aussagen anzunehmen und diese nicht zu werten. Je nach biografischen Erfahrungen (Mobbing, Flucht, sonstige Gewalterfahrungen) können in der ersten Runde in der Kombination von klaren Regeln und dem spielerischen Einsatz von Körperkraft durchaus Ermächtigungsmomente liegen.

Übertragung auf Konflikte:
Die beiden Spielrunden verdeutlichen mögliche Haltungen im Konflikt.

1. Runde: Angriff, (gewaltvolles) Durchsetzen des eigenen Standpunktes, absichtsvolles Schädigen des Gegenübers, Überlegenheit, Tunnelblick
➡ kostet Kraft, bringt mich selbst ins Wanken; ich verliere dabei selbst meinen Standpunkt, bin auf eine Lösung fixiert, werde/bin nur in den Armen beweglich; der restliche Körper, besonders Beine/Knie, sind starr

2. Runde: den eigenen Standpunkt wahren und zugleich flexibel sein
➡ mehr Ruhe, ich bleibe bei mir, bin flexibler, aufgerichteter, kann zugleich mehr Raum um mich herum wahrnehmen, bin offener für andere Lösungen (z. B. abwarten, ausweichen, atmen …)

TIPP: Die Flexibilität und damit einhergehende größere Stabilität werden besonders deutlich, wenn man den eigenen Stand mit gelösten bzw. mit durchgedrückten Knien vergleicht. Die Schüler*innen können angeregt werden, die beiden Varianten des Standes noch einmal für sich selbst im mehrfachen Wechsel auszuprobieren.

?? *Wo ist es im Körper fest, angespannt, angestrengt?*
Wie fließt oder stockt der Atem?

ÜBUNG 3 Alltagskommunikation testen

Zeitbedarf: 15 Minuten
Material: KV 10 „Vorwürfe für die Paararbeit" (S. 85)
Sozialform: Plenum, Paararbeit
Vorbereitung: Kopieren Sie die KV 10 für jedes Paar einmal.

Diese Übung führt zu einer Sensibilisierung für die Automatismen, mit denen wir gewöhnlich reagieren, wenn uns ein Vorwurf entgegengebracht wird. Die Schüler*innen erleben, wie die sogenannte „Wolfssprache" zur Eskalation von Konflikten beitragen kann, und lernen die sogenannte „Giraffensprache" als Alternative kennen.

Die Schüler*innen arbeiten paarweise und werfen sich gegenseitig Vorwürfe an den Kopf. Sie können dazu die Vorwürfe von KV 10 nutzen und an die Paare austeilen. Noch wirkungsvoller kann es sein, im Vorfeld der Übung Vorwürfe zu notieren, die in der Klasse oder der Schule häufig zu hören sind.

Hinweis: Bitte formulieren Sie diese Vorwürfe allgemein und verzichten Sie dabei auf konkrete Namen.

Bitten Sie die Schüler*innen, jeweils einen Vorwurf auszuwählen und diesen dem Gegenüber mit möglichst lebensnaher Konfliktenergie entgegenzuschleudern.

Daraus soll ein lebendiges Rollenspiel entstehen, bei dem auch die weiteren ausgeteilten Vorwurfssätze eingebracht werden können. Lebendiger und authentischer wird die Übung, wenn nur der erste Satz als Ausgangspunkt genutzt wird und sich das folgende (Streit-) Gespräch frei entwickelt.

Auftrag für das Rollenspiel:
Wie würdet ihr reagieren, wenn dies ein echter Konflikt wäre? Was würdet ihr sagen, denken, tun, wenn dieser Satz von der Mutter, dem Bruder, einem Freund, einer Freundin usw. käme? Geht bitte, ausgehend von diesem ersten Satz, in das Rollenspiel und reagiert. Nehmt dabei bitte wahr:

- Welche verschiedenen Reaktionen gibt es bei euch bzw. dem Gegenüber?
- Welche Gefühle kommen eventuell auf?

Bitte führt die Übung 2-mal durch, sodass jede*r von euch einmal mit einem Vorwurf beginnt.

IMPULSFRAGEN FÜR DIE SICHERUNG:

Welche Reaktionen habt ihr bei euch und eurem Gegenüber wahrgenommen? Welche Gefühle und Gedanken sind dabei aufgekommen?

Mögliche Antworten:

- ➡ Ich habe mich verteidigt.
- ➡ Ich habe meine Verantwortung/Beteiligung geleugnet.
- ➡ Ich habe nach Rechtfertigungen gesucht.
- ➡ Ich habe mir gedacht: „Du spinnst wohl! Das stimmt doch gar nicht."
- ➡ Ich habe überlegt, ob der Vorwurf gerechtfertigt ist.
- ➡ Ich hatte keine Lust, darauf einzugehen.
- ➡ Mich haben die Pauschalisierungen („immer", „ständig", „nie") genervt.

Hinweis: Diese Reaktionen hat Marshall B. Rosenberg der sogenannten lebensentfremdenden Sprache zugeordnet. Dazu gehören Formen der Verteidigung, des Angriffs, aber auch des Rückzugs (beleidigt sein, Gespräch verweigern, im Verborgenen einen neuen Angriff planen). Um dies symbolisch zu veranschaulichen, hat Rosenberg dafür den Wolf als Symboltier gewählt und diese Weise der Kommunikation als Wolfssprache benannt.
Für die lebensdienliche Sprache nutzt er als Symboltier die Giraffe mit ihrem (biologisch) großen Herzen und dem langen Hals, der Weitsicht gewährt. Die den Symboltieren zugeschriebenen sozialen Eigenschaften (Wolf = aggressiv/Giraffe = empathisch) entsprechen nicht deren Verhaltensweisen in der Natur. Insbesondere um eine Polarisierung zwischen „guter" Giraffe und „bösem" Wolf zu vermeiden, bitten wir darum, dies im Unterricht zu erwähnen und je nach Klassenstufe die Bedeutung eines Symbols zu klären.
Wenn sich unser GFK-Wolf meldet, ist dies ein wichtiger Indikator für ein Unbehagen und Motor für Veränderung. Es geht nicht darum, den GFK-Wolf zu unterdrücken oder wegzusperren, sondern darum, ihn wahrzunehmen und seine Anliegen konstruktiv zur Sprache zu bringen.

IMPULSFRAGEN FÜR DIE REFLEXION:

Zu welchem Erfolg führt ein Vorwurf?
Wie könnte ein solches Gespräch zu Ende gehen?

Mögliche Antworten:
- ➡ Das Gespräch endet ohne Einigung.
- ➡ Eine Seite lenkt ein, gibt nach, entschuldigt sich.
- ➡ Die Verbindung nimmt Schaden. Es bleiben Unsicherheit, Verwirrung, Enttäuschung zurück.

Hinweis: Eine Entschuldigung wird oft floskelhaft und um des lieben Friedens willen formuliert. Bei der nächsten Konfliktsituation wird dies meist mit in Rechnung gestellt.

ÜBUNG 4 Giraffen- und Wolfssprache kennenlernen

Zeitbedarf:	25 Minuten
Material:	KV 11 „Giraffen- und Wolfssprache" (S. 86), KV 12 „Wer spricht? Giraffe oder Wolf?" (S. 87)
Sozialform:	Lehrervortrag, Paararbeit oder Kleingruppen
Vorbereitung:	Kopieren Sie die KV 11 und KV 12 in Klassenstärke.

Die KV 11 zeigt sowohl die Giraffen- als auch die Wolfssprache im Überblick. Sie hilft, die zuvor gesammelten Erfahrungen zu strukturieren und zu ergänzen, und gibt einen Ausblick auf die weiteren Inhalte (GFK-Schritte). Dazu sind erläuternde Informationen durch die Lehrkraft sinnvoll:

Vortrag der Lehrkraft:
Marshall B. Rosenberg hat eine Sprache identifiziert, die uns von uns selbst und anderen trennt und es schwer macht, Konflikte dauerhaft zu lösen. Diese Sprache hat er als „Wolfssprache" bezeichnet. Zu ihr gehören die (meisten) Reaktionsmuster, die ihr bei der vorherigen Übung wahrgenommen habt, und noch einige weitere.

Dann werden die Reaktionsmuster des Wolfes erläutert:
- Vorwurf, Beschuldigung: „Du strengst dich nie an."
- Gegenvorwurf: „Du machst doch selber keine Vorschläge."
- Rechtfertigung: „Es war so viel los. Ich hatte wirklich keine Zeit, mich vorzubereiten."
- Leugnung, Bezweifeln: „Das hat doch nie jemand behauptet."
- Rückzug: „Such dir jemand anderen." Auch: nicht zuhören, weggehen
- Drohen: „Wenn du jetzt gehst, kannst du dich gleich für immer verabschieden."
- Beleidigung, Beschämung, Moralisieren: „Du erwartest ständig, dass alle Verständnis für dich haben. Das ist total selbstbezogen. Du solltest dich auch mal in andere einfühlen."
- Vergleiche, Abwertung: „Du hast einfach weniger Durchsetzungskraft als die anderen."

1. Wolf nach außen	2. Wolf nach innen
Diese Reaktionsmuster können wir nach außen gegen andere richten. Hinter den Mustern steht der Gedanke: **Du bist schlecht. Du bist falsch.** **Du bist schuld. Du solltest dich schämen.**	Häufig denken wir aber auch über uns selbst: **Ich bin schlecht. Ich bin falsch.** **Ich bin schuld. Ich schäme mich.** Wenn wir uns in dieser Weise selbst verurteilen, führt dies dazu, dass wir unsere tatsächlichen Gefühle und Bedürfnisse nur schwer erkennen können. Wir handeln dann aus Angst, Enge oder Stress. Auch dies steht der konstruktiven Lösung von Konflikten im Weg.

Im Anschluss sollten die Sprachmuster der Giraffensprache dargestellt werden: Die Chancen auf gegenseitiges Verständnis und Verständigung wachsen, wenn wir uns und anderen einfühlsam (empathisch) begegnen. Dies gelingt, wenn wir Gefühle und Bedürfnisse benennen bzw. nach ihnen fragen. Rosenberg hat dafür hilfreiche Sprachmuster aufgestellt. Bevor wir anderen empathisch zuhören können, ist es oft hilfreich, zuerst in uns selbst hineinzuhören.

3. Giraffe nach innen	4. Giraffe nach außen
Um zu klären, wie es mir geht und was ich brauche, frage ich mich selbst: **Wie fühle ich mich? Was brauche ich?** Meine inneren Antworten kann ich dann nach außen formulieren: **Ich fühle mich … Ich brauche …**	Diese Fragen kann ich auch an eine andere Person richten: **Wie fühlst du dich? Was brauchst du?** Da es vielen Menschen nicht leichtfällt, auf diese Fragen zu antworten, kann es hilfreich sein, empathische Vermutungen anzustellen. **Fühlst du dich …? Brauchst du …?**

Dann wird übergeleitet zu den GFK-Schritten:
Um mit der Giraffensprache Konflikte klären zu können, hat Rosenberg sie in vier Schritte gefasst. Folgendes Sprachmuster kann uns helfen, einen Konflikt zu reflektieren und konstruktiv zur Sprache zu bringen:

„Wenn ich sehe/höre … (Beobachtung),
fühle ich mich … (Gefühl),
weil ich … brauche/weil mir … wichtig ist (Bedürfnis).
Ich bitte dich/mich selbst … (Bitte)."

Auftrag für die folgende Arbeit in Paaren oder Kleingruppen:
Auf KV 12 finden die Schüler*innen sowohl Wolfs- und Giraffensätze nach innen wie auch nach außen und sollen entscheiden, welches der Tiere mit welcher Blickrichtung spricht.

Genau beobachten – Beobachtung vs. Bewertung

Ziele:
- ➡ Merkmale einer Beobachtung kennenlernen
- ➡ Beobachtungen von Bewertungen unterscheiden
- ➡ hinter Bewertungen mögliche Beobachtungen erkennen

INFO

1. GFK-Schritt: Beobachtung

- Eine Beobachtung ist konkret. Sie bezieht sich auf eine Situation, Handlung oder Aussage. Eine Beobachtung kommt ohne Pauschalisierungen aus (immer, ständig, nie …).
- Sie lässt sich räumlich (an deinem Platz, in der Pause, vor der Schulhaustür …) und zeitlich (gestern, in der letzten Sportstunde, am Ende des Deutschunterrichtes …) beschreiben.
- Auf eine konkrete Beobachtung können sich auch im Konfliktfall beide Seiten leichter einigen als auf eine Bewertung. Die Zustimmung zu einer Beobachtung ist die Grundlage für das weitere Gespräch.

➡ **Sprachmuster: Wenn ich sehe/höre …**

ÜBUNG 5 Spiel „Nachts im Museum"

Zeitbedarf: 10–15 Minuten
Material: optional 1 Tablet pro Gruppe
Sozialform: Kleingruppen

Viele Schüler*innen kennen das Spiel „Nachts im Museum". In der Unterstufe findet es auch in weiterführenden Schulen noch Anklang. Wir schlagen es hier als Übung in Kleingruppen vor.

Ein*e Schüler*in aus der Gruppe wird zum*zur Detektiv*in gewählt und dreht sich um. In dieser Zeit nimmt der Rest der Gruppe Positionen von sitzenden, liegenden oder stehenden Statuen ein und erstarrt. Nun betrachtet der*die Detektiv*in das „Kunstwerk", prägt sich alle Einzelheiten möglichst genau ein und dreht sich erneut um. Ein*e Schüler*in, die zuvor bestimmt wurde, verändert die eigene Haltung nun geringfügig, aber dennoch erkennbar. Der*die Detektiv*in hat die Aufgabe, herauszufinden, wer sich bewegt hat und keine echte Statue ist. Das Spiel kann mit wechselnden Rollen mehrfach wiederholt werden.

Bitten Sie die Detektivinnen und Detektive in einem kurzen Plenum nach Spielende, zu erklären, wie es ihnen gelungen ist, die unechten Statuen zu erkennen. Auf diese Weise lässt sich der Begriff „Beobachtung" einführen und mit Erfahrung verknüpfen. Optional kann ein*e Schüler*in gebeten werden, ein Foto des

„Kunstwerkes" vor der Veränderung und eines im Anschluss an die Veränderung aufzunehmen. Die Fotos können zum Vergleich nebeneinander auf dem Tablet betrachtet werden und die Vermutung des Detektivs bzw. der Detektivin bestätigen oder widerlegen. Das Symbol einer Kamera lässt sich außerdem als Erklärungshilfe bei der Unterscheidung von Beobachtung und Bewertung nutzen. Bei einer Beobachtung formulieren wir das, was eine Kamera aufnehmen könnte. Bewertungen beruhen dagegen auf Gedanken und finden im Kopf statt.

ÜBUNG 6 Beobachtungen von Bewertungen unterscheiden

Zeitbedarf: 25 Minuten
Material: KV 13 „Beobachtungen von Bewertungen unterscheiden" (S. 88), KV 14 „Beobachtung oder Bewertung?" (S. 89)
Sozialform: Plenum, Weiterarbeit in Paar- oder Einzelarbeit
Vorbereitung: Kopieren Sie KV 13 in Klassenstärke oder schreiben Sie ausgewählte Satzpaare von der KV an die Tafel. Kopieren Sie KV 14 in Klassenstärke.

Um die unterschiedliche Wirkung von Beobachtung und Bewertung zu erarbeiten, wählen Sie bitte verschiedene Satzpaare von KV 13 aus und präsentieren diese der Klasse.

IMPULSFRAGEN:

Stellt euch vor, in einem Gespräch fallen diese Sätze. Welche Sätze ermöglichen eher ein friedliches Gespräch, welche Sätze führen eher zu Schlagabtausch, Eskalation oder Gesprächsabbruch? Wodurch unterscheiden sich die Sätze?

Mögliche Antworten:

- ➡ Manches sind Behauptungen.
- ➡ Manche Sätze sind subjektiv.
- ➡ Manche Sätze sind Vorwürfe.

} Dies kann leicht zur Eskalation eines Gespräches führen. = Bewertung

- ➡ Manche Sätze sind objektiv.
- ➡ Manche Sätze sind Beschreibungen.

} Diese Sätze ermöglichen die Fortsetzung eines Gespräches. Beide Seiten können zustimmen. = Beobachtung

Die Sätze können anschließend den Begriffen „Beobachtung" und „Bewertung" zugeordnet werden.

Bewertungen finden in unseren Gedanken statt. Wir haben eine Meinung über eine Situation, einen anderen Menschen oder uns selbst. Wir beurteilen oder interpretieren das Verhalten, das Aussehen oder die Leistung. Gedanken, Urteile oder Interpretationen sind subjektiv. Gerade im Konfliktfall verstärkt dies Uneinigkeit und verhindert den konstruktiven Austausch. Aussichtsreicher ist es daher, wenn bei diesem Schritt bewertungsfreie Beobachtungen formuliert werden, denen beide Seiten zustimmen können. Um zu beobachten, nutzen wir unsere Sinne, insbesondere unseren Seh- und Gehörsinn.

Hinweis: Das Formulieren einer Beobachtung bietet natürlich keine Gewähr auf ein konstruktives Gespräch, steigert aber die Chancen.

Mit KV 14 lässt sich die Unterscheidung zwischen Beobachtung (Symbol Kamera) und Bewertung (Symbol Denkblase) üben. Sie eignet sich sowohl für die Einzelarbeit als auch für die Arbeit in Paaren. Im Abschlussplenum genügt es, auf jene Sätze einzugehen, die Unklarheiten hervorgerufen haben. Bewertungen von dieser KV dienen als Beispielsätze für die nächste Übung *(Beobachtungen hinter Bewertungen vermuten).*

HILFREICHE IMPULSFRAGEN ZUR UNTERSCHEIDUNG VON BEOBACHTUNG UND BEWERTUNG:

Könnte dies eine Kamera aufnehmen? (Beobachtung)
Denkst du/jemand das? (Bewertung)
Verschärft sich Streit bei diesem Satz? (Bewertung)

ÜBUNG 7 Beobachtungen hinter Bewertungen vermuten

Zeitbedarf: 25 Minuten
Material: KV 14 „Beobachtung oder Bewertung?" (S. 89, ggf. schon zuvor bearbeitet), KV 15 „Hinter Bewertungen blicken" (S. 90)
Sozialform: Plenum, Weiterarbeit in Einzel- und Paararbeit
Vorbereitung: Wenn KV 14 den Schüler*innen nicht in Kopie vorliegt, schreiben Sie ein bis zwei Bewertungen von dieser KV an die Tafel. Kopieren Sie KV 15 in Klassenstärke.

Wählen Sie bitte ein bis zwei Bewertungen von KV 14 aus, um die Übung im Plenum zu erklären. Ziel ist es, eine mögliche Beobachtung zu finden, die der Bewertung zugrunde liegen könnte. Die Offenheit der Aufgabenstellung lässt verschiedene inhaltliche Antworten zu, die formal den Kriterien einer Beobachtung folgen sollen (siehe Infobox auf S. 35). Zur Weiterarbeit bearbeiten die Schüler*innen in Einzel- und Paararbeit KV 15. Im Plenum stellen sie dann mögliche Beobachtungen vor. Die übrige Klasse gibt eine Rückmeldung darüber, ob die Kriterien einer Beobachtung erfüllt sind bzw. was einer Zustimmung beider Seiten möglicherweise im Weg stehen könnte. Dabei kann auffallen, dass auch die Wahl einiger Verben problematisch wirken kann. Gemeinsam kann dann nach Umformulierungen gesucht werden.

Beispiele:
Lutz hat gestern behauptet, dass die Deutschstunde heute entfällt.
Lutz hat gestern gesagt, dass die Deutschstunde heute entfällt.

Anna hat uns in dieser Woche 3-mal vor der Mensa stehen lassen.
Anna ist in dieser Woche 3-mal allein in die Mensa gegangen.

4. Modul

Gefühle kennen und ausdrücken – Gefühl vs. Pseudogefühl

Ziele:
- ➡ Wortschatz für Gefühle erstellen
- ➡ Gefühle verschiedenen Situationen zuordnen
- ➡ Pseudogefühle erkennen und echte Gefühle dahinter vermuten

INFO

2. GFK-Schritt: Gefühl ♡

- Ursache für unser Gefühl ist ein erfülltes oder ein unerfülltes Bedürfnis. Sind unsere Bedürfnisse erfüllt, fühlen wir uns dankbar, erleichtert, entspannt, glücklich …
  Sind unsere Bedürfnisse nicht erfüllt, fühlen wir uns traurig, hilflos, einsam …
- In der Gewaltfreien Kommunikation unterscheiden wir sogenannte „echte Gefühle" von sogenannten „Pseudogefühlen".
- Mit einem echten Gefühl übernehmen wir selbst die Verantwortung für unser Gefühl.
- Mit einem Pseudogefühl geben wir einer Situation oder anderen Menschen Verantwortung bzw. Schuld an unserem Gefühl.

➡ **Sprachmuster: Wenn ich sehe/höre …, fühle ich mich …**

Hinweis: Um unser Gefühl zu benennen, können wir sowohl die Formulierung „Ich fühle mich …" als auch „Ich bin …" wählen. Wenngleich in der Alltagssprache die zweitgenannte Ausdrucksform geläufiger sein dürfte, empfehlen wir dennoch die erste Sprechweise. Sie lässt Distanz zum Gefühl zu und verhindert eine völlige Identifikation mit diesem. Mit der „Ich bin"-Formulierung gehen wir ganz im Gefühl auf. Die Aussage ist statisch. Ein Loslassen des Gefühls wird erschwert. Ein Gefühl ist jedoch immer nur eine Momentaufnahme und füllt uns niemals ganz aus. Mit der Formulierung „Ich fühle mich …" unterstützen wir die Wandelbarkeit unserer Gefühle. Verknüpft ist damit die Zuversicht, dass jedes belastende Gefühl einem Wohlbefinden weichen wird.

ÜBUNG 8 Gefühle-Wortschatz erstellen

Zeitbedarf:	20 Minuten
Material:	KV 16 „Gefühle" (S. 91)/Download 2, zehn bis fünfzehn Blanko-Wortkarten pro Paar oder Kleingruppe oder KV 17 „Abc der Gefühle" (S. 92), ggf. Beamer, Smart- oder Whiteboard für Download 2
Sozialform:	Plenum, Paararbeit oder Kleingruppen für die Weiterarbeit

Vorbereitung: Drucken Sie die Bild-Impulse aus Download 2 für die Lerngruppe aus, sofern Sie diese nicht über den Beamer, das Smart- oder Whiteboard präsentieren möchten. Kopieren Sie ggf. die KV 17 in Klassenstärke. KV 16 enthält Lösungsvorschläge und muss nicht zwingend kopiert werden.

TIPP: Die ausgewählten Bilder stammen aus der Fotokartei „80 Bild-Impulse – Gefühle" (ISBN 978-3-8346-2479-6). Diese Kartei ist für die Weiterarbeit in Paaren oder Kleingruppen hilfreich. Alternativ können Sie Fotos und Bilder aus Zeitungen und Zeitschriften nutzen, die Vermutungen über Gefühle zulassen.

Zeigen Sie zunächst die Bild-Impulse im Plenum (als Kopie oder über den Beamer, das Smart- oder Whiteboard). Bitten Sie die Schüler*innen, zu vermuten, wie es den gezeigten Menschen geht. Sammeln Sie möglichst viele verschiedene Gefühle zu jeweils einem Bild, z. B.:

- wütend, sauer, bockig, ärgerlich, frustriert …
- glücklich, fröhlich, froh, zufrieden, dankbar, stolz, stark …
- traurig, krank, allein, einsam, hilflos, erschöpft …
- erschrocken, erstaunt, überrascht, irritiert, verwundert …

Teilen Sie im Anschluss weitere Bilder (siehe Tipp) und je zehn bis fünfzehn Blanko-Wortkarten an Paare oder Kleingruppen aus. Bitten Sie die Schüler*innen, möglichst viele verschiedene Gefühlsausdrücke zu ihren Bildern zu notieren. Die Bilder und Wortkarten können dann an der Tafel oder auf dem Boden nach den Kategorien „positive" und „negative" Gefühle sortiert werden. Innerhalb dieser Bereiche lassen sich zudem ähnliche Gefühlsausdrücke gruppieren. So entsteht ein Gesamtbild, das eventuell im Austausch noch ergänzt werden kann. Besprechen Sie zudem, ob es Gefühlszuschreibungen gibt, die die Schüler*innen irritiert oder verwundert haben.

Alternativ wäre nach der Betrachtung der Bilder aus Download 2 auch eine weitere Sammlung von Gefühlen ohne Bildmaterial mithilfe von KV 17 möglich. Ebenso kann diese KV im Anschluss an die Arbeit in Paaren bzw. Kleingruppen zur Sicherung der auf den Wortkarten notierten Begriffe genutzt werden.

ÜBUNG 9 Gefühle-Abc

Zeitbedarf: ca. 15 Minuten
Material: KV 17 „Abc der Gefühle" (S. 92)
Sozialform: Einzel- oder Paararbeit, als Spiel in Kleingruppen, ggf. Plenum zum Abschluss
Vorbereitung: Kopieren Sie KV 17 in Klassenstärke.

Zu jedem Buchstaben werden möglichst viele Gefühle notiert. Dies macht deutlich, wie variantenreich und differenziert Gefühle benannt werden können. Das Gefühle-Abc gewinnt spielerischen Charakter, wenn es ähnlich wie „Stadt – Land – Fluss" gespielt wird. Im Unterschied zum bekannten Spiel werden aber nur Gefühle gesucht, und zwar zu allen Buchstaben gleichzeitig. Die Klasse teilt sich in Kleingruppen. Wer in der Kleingruppe zuerst ein Adjektiv zu jedem Buchstaben gefunden hat, ruft „Stopp". Das Spiel endet ebenfalls, wenn 10 Minuten abgelaufen sind. Für jedes Adjektiv, das auch andere in der Gruppe aufgeschrieben haben, darf 1 Punkt notiert werden. Für jedes Adjektiv, das nur einmal gefunden wurde, gibt es 5 Punkte. Hat nur ein*e einzige*r Schüler*in zu einem Buchstaben ein Adjektiv gefunden, werden dafür 10 Punkte vergeben. Sofern es Buchstaben gibt, zu denen kein Adjektiv gefunden wurde, können sich die Schüler*innen in einer Plenumsrunde zum Abschluss gegenseitig unterstützen, die Lücken zu füllen.

Nach der Erarbeitung von Pseudogefühlen (*Echte Gefühle von Pseudogefühlen unterscheiden*, siehe S. 44), kann das Gefühle-Abc zur Weiterarbeit genutzt werden, indem die gesammelten Adjektive nach Gefühl und Pseudogefühl unterschieden werden.

ÜBUNG 10 Über Gefühle sprechen

Zeitbedarf: 30 Minuten
Material: KV 18 „Über Gefühle sprechen" (S. 93), Plakatkartons oder alternative Präsentationsmöglichkeit
Sozialform: frei wählbar
Vorbereitung: Kopieren Sie KV 18 pro Paar oder Kleingruppe einmal und ggf. zusätzlich für Schüler*innen, die allein arbeiten möchten.

Über Gefühle und den eigenen Umgang damit zu sprechen, kann insbesondere für Jugendliche eine große Herausforderung sein. Die Impulse von KV 18 geben Anregungen, miteinander ins Gespräch zu kommen und den eigenen Umgang mit Gefühlen zu reflektieren. Wir empfehlen Zusammensetzungen in Paaren oder Kleingruppen, deren Konstellation die Schüler*innen frei wählen. Auf den Wunsch von Schüler*innen, allein arbeiten zu dürfen, bitten wir einzugehen. Die Ergebnisse der Gespräche sollen von den Schüler*innen auf einem Plakatkarton o. Ä. festgehalten werden, um anschließend ausgestellt werden zu können. Damit die Aussagen anonym bleiben, bitten Sie die Schüler*innen bei der Niederschrift um eine möglichst neutrale Handschrift. In Kleingruppen könnte auch ein*e Schüler*in die Antworten aller notieren. So können alle Schüler*innen auch an den Gedanken der anderen teilhaben. Dies ist oft Anlass, auch außerhalb des Unterrichts weiter miteinander über Aspekte des Themas zu sprechen oder darüber zu reflektieren. Beenden Sie diese Arbeitsphase ggf. mit einem Gefühle-Blitzlicht (siehe S. 48).

ÜBUNG 11 Gefühls-Bastelei

Zeitbedarf: 5 Minuten Vorbereitung/pro Person ca. 1 Minute Redezeit
Material: 1 DIN-A4-Blatt pro Person
Sozialform: Plenum oder Kleingruppen

Diese Übung kann als Einstieg in eine Unterrichtsstunde genutzt werden, in der das Thema „Gefühle" fortgesetzt wird. Ein breiter Gefühle-Wortschatz sollte bereits erarbeitet sein. Damit steigt die Wahrscheinlichkeit, dass Schüler*innen differenzierte Antworten auf die Frage „Wie fühlst du dich?" finden.

FOLGENDE IMPULSFRAGEN KÖNNEN HELFEN, GEFÜHLE WACHZURUFEN:

?? Überlege, was du heute schon erlebt hast und welche Gefühle dabei im Spiel waren. Wie bist du erwacht? Wie war dein Schulweg? Wem bist du begegnet? Welche Aufgaben gab es heute zu erledigen? Wie geht es dir, wenn du an den Tag, der noch vor dir liegt, denkst?

Alle erhalten ein Blatt und werden gebeten, ihr Gefühl damit symbolisch zum Ausdruck zu bringen. Das Blatt kann dafür gefaltet, gerissen sowie bei der Präsentation bewegt werden. Für den anschließenden Austausch im Plenum oder in Kleingruppen gibt es zwei Varianten:

- Nacheinander verraten alle, wie sie sich fühlen, und erklären ihre Gestaltung.
- Ein*e Schüler*in präsentiert sein*ihr Blatt und andere vermuten zunächst, wie er*sie sich fühlt. Dies geschieht mit der Frage: „Fühlst du dich ...?". Dies bahnt bereits das empathische Vermuten an, welches eine entscheidende Kompetenz beim Lösen von Konflikten ist. Danach nennt der*die Schüler*in sein*ihr tatsächliches Gefühl und erläutert seine*ihre Gestaltung.

Hinweis: Gefühle anderer können wir immer nur vermuten. Es obliegt der angesprochenen Person, unsere Vermutung zu bestätigen oder zu verneinen.

Gestaltungsbeispiele und mögliche Zuordnungen:
Das Blatt wird ...

➡ zerknüllt und wieder glatt gestrichen. = zerknirscht, unausgeschlafen
➡ in der Luft und hin und her gewedelt. = nervös, aufgeregt
➡ in der Luft gespannt wie ein Trampolin. = angespannt
➡ zu einem Flieger gefaltet. = leicht, unternehmungslustig, erholungsbedürftig
➡ zu einem Ball geknüllt und hochgeworfen. = heiter, fröhlich, kraftvoll, lebendig
➡ zu einem Fernrohr gedreht. = hoffnungsvoll, ziellos, sehnsüchtig

Hinweis: Einigen Schüler*innen fällt es leichter, über Gefühle zu sprechen, wenn sie wie in dieser Übung sprichwörtlich etwas in der Hand haben und sich dem Gefühl über ein Symbol nähern können. Durch den kreativen und eher spielerischen Aspekt darf es dabei durchaus etwas augenzwinkernd und heiter zugehen.

TIPP: Einige Gestaltungen eignen sich meist zum Aufkleben, Beschriften und Ausstellen. So bleiben die Gefühle präsent. Ergänzend können die Gefühle in weiteren Sprachen notiert werden.

ÜBUNG 12 Spiel „Gefühle-Pantomime"

Zeitbedarf: beliebig/meist 5–10 Minuten
Material: KV 19 „Echte Gefühle" (S. 94–96), Timer für 30 Sekunden
Sozialform: Plenum oder Kleingruppen
Vorbereitung: Bitte schneiden Sie die Wortkarten auf KV 19 aus.

Die Spielgruppe wird in zwei Teams aufgeteilt. Ein*e Schüler*in aus Team A zieht eine Wortkarte mit einem echten Gefühl und stellt es pantomimisch dar. Team A hat nun 30 Sekunden Zeit, das Gefühl zu erraten. Sollte das Gefühl rasch erraten werden, zieht der*die Schüler*in eine weitere Karte und mimt den Begriff. Für jedes erkannte Gefühl erhält das Team einen Punkt. Begriffe, die nicht gelöst wurden, kommen in den Wortkartenstapel zurück. Nun ist Team B an der Reihe. Die Karten enthalten vornehmlich Gefühle, die im Alltagswortschatz weniger häufig Verwendung finden. Auf spielerische Weise werden die Begriffe geläufiger.

TIPP: Lebhafter wird das Spiel, wenn die pantomimische Darstellung des Gefühls in eine Verlaufshandlung eingebettet wird. Auch dabei darf natürlich nicht gesprochen werden.

Beispiele:
➡ an einer Tür rütteln, die sich nicht öffnen lässt = verzweifelt
➡ weglaufen und immer wieder nach hinten blicken = panisch
➡ es klingelt an der Tür, Besuch kommt unangekündigt = überrascht

ÜBUNG 13 Spiel „Gefühle-Raten"

Zeitbedarf: mindestens 30 Minuten
Material: 2 kleine Zettel pro Person, Zeichenblatt, Timer für 45 Sekunden, Gefäß zum Sammeln der Zettel, Stifte, ggf. KV 1 „Gefühle-Wortschatz" (S. 75)
Sozialform: Kleingruppen mit 6–8 Mitspielenden
Vorbereitung: Notieren Sie bitte die Buchstaben des Alphabets (außer C, J, Q, X und Y) auf kleine Zettelchen. Kopieren Sie ggf. KV 1 pro Kleingruppe.

Nach den bekannten Regeln des Spiels „Activity" lässt sich mit einfachen Mitteln ein Spiel zum Gefühle-Raten gestalten. Meist mit viel Spaß werden so verschiedenste Gefühlsbegriffe mit Leben gefüllt. Dies erweitert zunehmend das Wahrnehmungsspektrum eigener Gefühle und unterstützt ein differenziertes Benennen im Alltag. Das Spiel eignet sich für Kleingruppen von sechs bis acht Mitspielenden. Idealerweise sollte die Anzahl gerade sein, um die Gruppe in Team A und Team B halbieren zu können. Alle Mitwirkenden bekommen zunächst zwei Blanko-Zettel und ziehen dann zwei Buchstaben-Zettelchen. Für jeden Buchstaben notieren sie ein echtes Gefühl (vgl. KV 1), das mit diesem beginnt, auf ihren Blanko-Zetteln. So wird verhindert, dass Gefühle mehrfach notiert werden. Die Zettel mit den Gefühlen werden gefaltet und alle in einem Gefäß gesammelt.

Das Spiel besteht aus mehreren Runden. Ein*e Schüler*in der Gruppe A zieht einen Begriff aus dem Gefäß und beschreibt ihn nach den Regeln der jeweiligen Runde (s. u.). Wird der Begriff von Team A erraten, fährt der*die zweite Schüler*in des Teams mit dem nächsten Begriff fort. Gelöste Wörter werden außerhalb des Gefäßes abgelegt. Für eine Raterunde haben die Teams jeweils 45 Sekunden Zeit und erhalten für jedes erkannte Wort einen Punkt. Dann wechseln die Teams. So wird weitergespielt, bis kein Begriff mehr im Gefäß ist. Sofort wird der Timer gestoppt, alle Zettel wieder gefaltet und erneut gesammelt. Das Team, das gerade an der Reihe war, setzt das Spiel mit der Aufgabenstellung der nächsten Runde fort und kann dafür seine verbleibende Zeit nutzen. Das Spiel endet, wenn das letzte Wort in der 4. Runde erraten wurde.

1. Runde – Erklären: Der Begriff wird erklärt, ohne Wörter aus der Wortfamilie des Begriffes zu verwenden. Hilfreich kann es sein, dies bei der Erklärung der Regeln anhand eines Beispielbegriffs zu verdeutlichen.

2. Runde – Zeichnen: Das Gefühl wird zeichnerisch (ohne Schreiben) dargestellt.

3. Runde – Pantomime: Bei der Pantomime dürfen weder Worte noch Geräusche verwendet werden. Geschieht dies doch, wird der Begriff ohne Wertung abgelegt und der*die nächste Schüler*in ist mit einem neuen Gefühl an der Reihe.

4. Runde – Geräusch: Das Gefühl wird durch ein oder mehrere Geräusche verdeutlicht. Dabei darf nicht gesprochen werden. Geschieht dies doch, wird auch hier der Begriff ohne Wertung abgelegt und der*die nächste Schüler*in ist mit einem neuen Gefühl an der Reihe. Da Geräusche häufig kaum von der Gesichtsmimik zu trennen sind, ist es sinnvoll, wenn die Person, die an der Reihe ist, dem Team den Rücken zuwendet.

ÜBUNG 14 Fotocollage zu Gefühlen erstellen

Zeitbedarf: 20 Minuten + Zeit zum Gestalten der Collagen
Material: 1 Tablet pro Paar, alternativ Fotoapparat, 5 große Plakate oder Beamer, Smart- oder Whiteboard, optional Spiegel
Sozialform: Paararbeit, Plenum

Die Schüler*innen werden gebeten, zu den Grundgefühlen (Freude, Trauer, Wut, Angst, Ekel) jeweils einen passenden Gesichtsausdruck zu zeigen. Jeder Gesichtsausdruck wird fotografiert. Die Fotos werden am Ende zu fünf Collagen gruppiert. Dabei werden jeweils die Ablichtungen mit dem gleichen Gefühlsausdruck im Plenum auf einem Plakat zusammengefügt oder digital zusammengestellt und über den Beamer, das Smart- oder Whiteboard gezeigt.

TIPP 1: Es kann hilfreich sein, die eigene Mimik im Spiegel zu betrachten und ggf. zu verändern. Die Erinnerung an eine Situation, in der das Gefühl lebendig war, kann dem Ausdruck größere Authentizität verleihen. Weisen Sie bitte darauf hin, insbesondere bei Angst und Trauer nur Situationen wachzurufen, die zu ertragen sind und leicht wieder losgelassen werden können.

TIPP 2: Wenn es in der Schule bereits einen Gesprächsraum gibt oder ein solcher geschaffen werden soll, kann dies ein geeigneter Ort zum Ausstellen der Collagen sein. Die Aushänge können mit Begriffen, die zum Gefühlsspektrum des jeweiligen Grundgefühls passen, ergänzt werden. Bitte lenken Sie die Auswahl auf echte Gefühle.

- Freude: glücklich, froh, fröhlich, dankbar, gelassen, entspannt, zufrieden, ausgelassen, begeistert, motiviert, abenteuerlustig, geborgen …
- Trauer: traurig, hilflos, allein, einsam, verletzt, erschöpft, kraftlos, mutlos …
- Wut: wütend, ärgerlich, zornig, frustriert, bockig, mürrisch, gelangweilt, irritiert …
- Angst: erschrocken, ängstlich, panisch, gelähmt, erstarrt, hilflos, klein …
- Ekel: angeekelt, abgestoßen, schockiert, übel, angewidert …

Hinweis: Bitte holen Sie vor dem Erstellen bzw. Veröffentlichen der Fotos die Einverständniserklärung der Jugendlichen bzw. Eltern ein.

ÜBUNG 15 Echte Gefühle von Pseudogefühlen unterscheiden

Zeitbedarf: 30 Minuten + Zeit für das Ausschneiden der Karten
Material: KV 19 „Echte Gefühle" (S. 94–96), KV 20 „Pseudogefühle" (S. 97–98)
Sozialform: Plenum, Kleingruppen
Vorbereitung: Kopieren Sie KV 19 und 20 jeweils einmal pro Kleingruppe.

In unserer Alltagsspreche benutzen wir bisweilen Formulierungen, die zunächst wie eine Gefühlsäußerung klingen, bei genauerer Betrachtung aber einen Gedanken oder einen Vorwurf transportieren. Dies kann zu Kommunikationshemmungen oder Eskalation beitragen. Dafür gibt es zwei Varianten:

Variante 1: Wir beginnen vermeintliche Gefühlsäußerungen mit „Ich habe das Gefühl, … "

Beispiele:

Ich habe das Gefühl, hier läuft etwas schief.	Gedanke/Vorwurf: Du machst etwas falsch. Etwas ist falsch. Gefühl dahinter: irritiert, frustriert …
Ich habe das Gefühl, dass alles an mir hängen bleibt.	Gedanke/Vorwurf: Ich werde ausgenutzt. Du beteiligst dich nicht. Gefühl dahinter: überfordert, erschöpft, allein

Variante 2: Wir nennen ein sogenanntes Pseudogefühl. Damit schreiben wir anderen Personen oder einer Situation die Verantwortung für unser Wohlergehen zu. Unser Glück oder Unglück machen wir vom Verhalten anderer oder äußerer Umstände abhängig. Dies führt dazu, dass wir das Heft des Handelns aus der Hand geben und uns in einer Opferhaltung verirren.

Beispiele:

Ich fühle mich bevormundet.	Gedanke/Vorwurf: Du bestimmst über mich. Du traust mir nichts zu. Gefühl dahinter: klein, unfrei, kraftlos …
Ich fühle mich hintergangen.	Gedanke/Vorwurf: Du verheimlichst mir etwas. Etwas ist ungerecht. Gefühl dahinter: unsicher, irritiert, verwirrt, ratlos …

Hinweis: Als Säuglinge erleben wir uns zunächst in einer starken Dependenz zu anderen Menschen. Mit zunehmendem Alter streben wir nach wachsender Selbstbestimmung und Eigenständigkeit. Sowohl in der Autonomiephase als auch in der Pubertät ist dieses Bestreben besonders ausgeprägt (Counter-Dependenz). Mit zunehmender Reife können wir anerkennen, dass wir als soziale Wesen in einer Interdependenz leben. Wir sind in unserem Dasein aufeinander eingestellt und angewiesen. In unserem Tun und Lassen berücksichtigen wir die anderen, die selbst wiederum von unserem Handeln betroffen sind und darauf reagieren (vgl. dazu Stangl, W.: Soziale Interdependenz auf: https://lexikon.stangl.eu/9123/soziale-interdependenz, letzter Zugriff: 06.07.2023).
Im Rahmen der GFK bedenken wir diese Interdependenz und nehmen wahr, dass unser Handeln Auswirkungen auf andere hat und deren Verhalten auch auf uns wirkt. Dennoch bleibt es in letzter Konsequenz in unserer Verantwortung, welche Gefühle in uns lebendig sind. Gelingt es uns, hinter Pseudogefühlen unsere echten Gefühle zu entdecken, können wir leichter ergründen, was wir brauchen und aktiv auf konstruktive Veränderungen hinwirken.

Stellen Sie im Plenum einige Gefühlsäußerungen gegenüber und bitten Sie die Schüler*innen, diese auf sich wirken zu lassen. Erläutern Sie im Anschluss an die Äußerungen der Schüler*innen den Unterschied zwischen sogenannten echten Gefühlen und Pseudogefühlen.

IMPULS:

Stellt euch bitte vor, in einem Streit sagt jemand diese Sätze zu euch.

Ich fühle mich (von dir) allein gelassen.	oder	Ich fühle mich allein.
Ich fühle mich (von euch) verarscht.	oder	Ich fühle mich unsicher.
Ich fühle mich (von dir) bedroht.	oder	Ich fühle/habe Angst.

TIPP: Sprechen Sie die Sätze bei der Präsentation aus und versetzen Sie sich dabei in eine entsprechende Konfliktsituation. Dies verstärkt die unterschiedliche Wirkung der Aussagen.

Bei welchem Satz würde es euch leichter fallen, mit der anderen Person ein Gespräch fortzusetzen?
Welche Äußerung würde euch eher ärgern und bewirken, dass ihr mit einem Wolf nach außen oder innen reagiert? Warum?
Oder konkreter: Hinter welchen Sätzen versteckt sich ein Vorwurf, obwohl von einem Gefühl die Rede ist?

Für die Weiterarbeit in Kleingruppen benötigen die Schüler*innen jeweils ein Set von KV 19 und KV 20. Die Schüler*innen schneiden die abgedruckten Wortkarten aus, die beiden Sets werden gemischt und verdeckt gestapelt. Reihum zieht ein*e Schüler*in eine Gefühle-Karte und entscheidet, ob es sich um ein echtes oder um ein Pseudogefühl handelt. Die Gruppe unterstützt ihn*sie dabei. Zur Unterscheidung dienen die Kriterien:

- Ich übernehme die Verantwortung für mein Gefühl. (echtes Gefühl)
- Ich denke, jemand anderes macht mir das Gefühl. (Pseudogefühl)
- Ich höre hinter dem Gefühl einen Vorwurf. (Pseudogefühl)

Hinweis: Ziel ist es, die Wahrnehmung für die unterschiedliche Wirkung von echten Gefühlen und Pseudogefühlen zu schärfen. Einige Gefühle sind abhängig vom Kontext nicht immer absolut eindeutig zuzuordnen. Dabei kann eine lebhafte Diskussion in den Kleingruppen entstehen.

TIPP: Die Liste der Gefühle und Pseudogefühle (KV 1, S. 75) kann bei dieser und der nächsten Übung und ebenso beim Üben von Selbstempathie und Empathie genutzt werden.

ÜBUNG 16 Pseudogefühle verwandeln

Zeitbedarf: 30 Minuten
Material: KV 20 „Pseudogefühle" (S. 97–98), KV 21 „Pseudogefühle verwandeln" (S. 99)
Sozialform: Einzel- und Paararbeit
Vorbereitung: Bitte schneiden Sie die Wortkarten auf KV 20 aus. Kopieren Sie zudem KV 21 in Klassenstärke.

Diese Übung regt dazu an, echte Gefühle hinter Pseudogefühlen zu entdecken und auf diesem Weg die Macht über das eigene Fühlen und Handeln zurückzugewinnen. Dazu können die Pseudogefühlskarten von KV 20 im Klassenzimmer ausgelegt werden. Die Schüler*innen laufen schweigend umher, lassen die Begriffe auf sich wirken und wählen anschließend ein Pseudogefühl aus. Beim Herumgehen können die unten stehenden Impulsfragen die Schüler*innen bei der Auswahl unterstützen.

IMPULSFRAGEN:

Welche Pseudogefühle lösen in dir vielleicht Genervtsein, Ärger oder Unverständnis aus?
Welche Pseudogefühle haben nichts mit dir zu tun?
Welches Pseudogefühl kennst du aus deinem Leben (besonders gut)?
Mit welchem Pseudogefühl möchtest du dich genauer beschäftigen?
Fällt dir dazu eine Situation ein, in der du dieses Pseudogefühl in dir wahrgenommen hast?

Nach der Entscheidung für ein Pseudogefühl notieren die Schüler*innen zunächst in Einzelarbeit ihre Gedanken auf KV 21 zu den Fragen 1 bis 3. Danach finden sie sich zum Austausch in Paaren zusammen und Schüler*in A teilt seine*ihre Gedanken mit, während B schweigend zuhört. Bitten Sie die Zuhörenden, sich in die Situation der Sprechenden zu versetzen und dann zu den Fragen 4 (Was hättest du gebraucht?) und 5 (Welches echte Gefühl ist hinter dem Pseudogefühl?) auf der KV Vermutungen anzustellen. A überprüft jeweils für sich, ob die Vermutungen zutreffen, gibt dazu eine Rückmeldung und notiert stimmige Vermutungen. Dann wechseln beide die Rollen. Sollte es einzelne Schüler*innen geben, die sich anderen nicht mitteilen möchten, bitten wir, dies zu respektieren und ihnen die verbleibenden Punkte in Einzelarbeit zu ermöglichen. Beenden Sie die Übung mit einem Gefühle-Blitzlicht (siehe Übung 17).

Hinweis: Dies ist bereits eine erste Übung zum empathischen Hören, Begleiten und Unterstützen anderer. Bitte weisen Sie darauf hin, dabei auf Ratschläge („Du solltest, müsstest …"/„Ich würde …") oder Sympathiebekundungen („Ich sehe das genauso. Ich finde das auch …" o. Ä.) zu verzichten. Durch Ratschläge verlieren wir im Gespräch die Augenhöhe. Durch Sympathiebekundungen neigen wir dazu, am Problem festzuhalten und in den Kategorien von „richtig" und „falsch" verhaftet zu bleiben.
Richten wir unsere Wahrnehmung ganz auf mögliche Bedürfnisse und Gefühle, bleiben wir im Gespräch auf Augenhöhe und haben Veränderungsmöglichkeiten im Blick. Bedürfnisse im Sinne der GFK wurden bis zu diesem Zeitpunkt noch nicht eigens beleuchtet. Beim kurzen Besprechen des Arbeitsblattes können Sie jedoch einige gängige Bedürfnisse (Hilfe, Ruhe, Entspannung …) als Beispiele anführen. Dennoch werden bei Frage 4 auf KV 21 vor allem Strategien genannt werden.
Um diese erste Empathie-Übung nicht zu überfrachten, bitten wir dies an dieser Stelle hinzunehmen und dennoch bereits die Bedürfnisfrage in den Verlauf zu integrieren. Allein die Idee, dass wir etwas gebraucht haben könnten und versuchen, dies zu benennen, bringt uns in eine aktivere Rolle und damit näher hin zum echten Gefühl.

TIPP: Hilfreich kann es sein, wenn die Schüler*innen dabei einen Blick auf die Liste der Gefühle und Pseudogefühle (KV 1, S. 75) werfen können.

ÜBUNG 17 Gefühle-Blitzlicht

Zeitbedarf: 5–10 Minuten (bei Einführung der Methode ggf. etwas mehr)
Material: Redestab (Stein, Tuch, Kastanie, Ball …)
Sozialform: Plenum im Kreis

Das Wahrnehmen, Erkennen und Benennen von Gefühlen wird immer geläufiger, je häufiger wir dafür Raum schaffen. Wenn möglich, schließen Sie die einzelnen Übungen mit einem Gefühle-Blitzlicht ab. Dabei sitzen oder stehen die Schüler*innen im Kreis und äußern, wie es ihnen jetzt geht. Bitten Sie darum, ein Gefühl zu benennen und nicht mit „gut" oder „schlecht" zu antworten. Gerade bei der Einführung dieser Übung kann es hilfreich sein, wenn die Fotos und Wortkarten mit den Gefühlsbegriffen aus Übung 8 *Gefühle-Wortschatz erstellen* (S. 38) im Kreis oder an der Tafel präsent sind. Dazu wird ein Redestab jeweils an die benachbarte Person weitergereicht. Wer nichts äußern möchte, gibt den Redestab schweigend weiter. Der Redestab wird so lange im Kreis herumgereicht, bis er einmal in Stille herumgewandert ist und tatsächlich kein*e Schüler*in mehr etwas äußert. Das schafft gerade im oft unruhigen Schulalltag eine Oase der Ruhe. Zunächst kann diese ungewohnte Form des Unterrichtsabschlusses eher Irritation oder Gelächter hervorrufen. Hat sie sich jedoch etabliert, kann sie zu einem verbindenden und stärkenden Ritual werden. Genutzt werden kann das Gefühle-Blitzlicht auch als Reflexionsrunde in Bezug auf vorausgegangene Übungen. Dann eignen sich einige Impulsfragen, die sich auf diese beziehen, um das Blitzlicht zu strukturieren.

BEISPIEL-IMPULSFRAGEN FÜR EIN BLITZLICHT (nach Übung 16 *Pseudogefühle verwandeln*):

Wie ging es dir beim Aufschreiben, Erzählen, Notieren? Was war ungewohnt?
Welche Rolle (Zuhören/Erzählen) fiel dir leichter, schwerer? Hast du eine Idee, warum?
Seid ihr auf echte Gefühle gestoßen? Hat dies deinen Blick auf die Situation verändert? Wie? Wie fühlst du dich jetzt?

Hinweis: Mit dem Blitzlicht wird keine Diskussion mehr angeregt. Es dient dem Einsammeln von Erfahrungen und neuen Erkenntnissen. Bitten Sie die Schüler*innen daher beim Sprechen, sich nur aus ihrer Perspektive in Form von Ich-Botschaften zu äußern und vorherige Mitteilungen nicht zu kommentieren. Da der Redestab so lange herumgereicht wird, bis alle schweigen, haben auf diese Weise aber auch Zögerliche die Möglichkeit, erst in der zweiten oder ggf. dritten Runde etwas zu sagen.

Bedürfnisse erkunden – Bedürfnis vs. Strategie

Ziele:
- ➡ Bedürfniswortschatz erstellen
- ➡ Gefühle mit Bedürfnissen verbinden
- ➡ Bedürfnisse von Strategien unterscheiden
- ➡ hinter Vorwürfen Bedürfnisse vermuten

INFO

3. GFK-Schritt: Bedürfnis

- Es gibt existenzielle körperliche Bedürfnisse, Sicherheitsbedürfnisse, soziale Bedürfnisse, Individualbedürfnisse, kognitive Bedürfnisse, ästhetische Bedürfnisse, Bedürfnisse nach Selbstverwirklichung und Transzendenz.
- Bedürfnisse sind universell und werden global verstanden.
- Bedürfnisse sind abstrakt. Deren Erfüllung ist unabhängig von bestimmten Personen oder Situationen.
- Unserem Handeln liegt der Wunsch zugrunde, unsere Bedürfnisse zu erfüllen.
- Ein Bedürfnis lässt sich durch eine Vielzahl von Strategien erfüllen.

➡ **Sprachmuster: Wenn ich sehe/höre ..., fühle ich mich ..., weil ich ... brauche.**

ÜBUNG 18 Bedürfnis-Wortschatz erstellen

Zeitbedarf: 30 Minuten
Material: KV 22 „Bedürfnisse" (S. 100–101)/Download 3, KV 23 „Meine Bedürfnispyramide" (S. 102), KV 2 „Bedürfnis-Wortschatz" (S. 76), ggf. Beamer, Smart- oder Whiteboard für Download 3
Sozialform: Plenum, Kleingruppe
Vorbereitung: Schreiben Sie das Wort „Bedürfnis" an die Tafel. Kopieren Sie KV 23 und 2 in Klassenstärke. Drucken Sie die Bild-Impulse aus Download 3 ggf. für die Lerngruppe aus. KV 22 enthält Lösungsvorschläge und muss nicht zwingend kopiert werden.

Präsentieren Sie die Fotos aus Download 3 (als Kopie oder über den Beamer, das Smart- oder Whiteboard) und fragen Sie: „Was braucht ...?". Sammeln Sie im Plenum die Antworten an der Tafel und notieren Sie diese rund um den Begriff „Bedürfnis". Erläutern Sie dabei die Merkmale von Bedürfnissen im Sinne der GFK. Fragen Sie die Lerngruppe nach weiteren Bedürfnissen, die ihnen einfallen.

Der Bedürfnis-Wortschatz (KV 2) gibt einen Überblick über die Vielzahl an Bedürfnissen. Bitten Sie die Schüler*innen, fünf Bedürfnisse auszuwählen, die ihnen aktuell besonders wichtig sind, und diese in die KV 23 einzutragen. Daran schließt sich ein Austausch in Kleingruppen an, bei dem von allen ein bis zwei der wichtigsten eigenen Bedürfnisse benannt werden und die Auswahl begründet wird. Einige Bedürfnisse werden sicher häufiger genannt. Dies schafft Verbindung. Wachsendes Verständnis füreinander kann auch entstehen, wenn wir von anderen erfahren, warum sie ein Bedürfnis, das nicht auf der eigenen Auswahlliste steht, so wichtig finden. Die sehr persönlichen Arbeitsaufträge 3 und 4 sind für die Einzelarbeit gedacht und können bei Bedarf in Paaren besprochen werden. Eventuell kann der Bearbeitung dieser beiden Aufträge auch die Übung 20 *Gefühle als Bedürfnisanzeiger nutzen* (S. 50) vorgeschaltet werden.

ÜBUNG 19 Spiel „Bedürfnis-Raten"

Zeitbedarf: 5–10 Minuten + Zeit zum Ausschneiden der Begriffe
Material: KV 24 „Bedürfnis-Wortkarten" (S. 103–106)
Sozialform: Kleingruppen
Vorbereitung: Kopieren Sie KV 24 in Kleingruppenstärke.

Jede Gruppe bekommt alle Bedürfnisbegriffe. Die Karten liegen verdeckt auf einem Stapel in der Mitte. Jemand dreht eine Karte um, ohne dass die Mitspielenden den Begriff sehen, und erklärt das Wort. Die anderen Kinder erraten das Bedürfnis. Wer den Begriff gelöst hat, fährt mit dem nächsten Begriff fort. Alternativ kann auch reihum erklärt werden. Ziel ist es, innerhalb von 5 Minuten möglichst viele Bedürfnisse in der Gruppe gemeinsam herauszufinden. Hilfreich ist es, Strategien zu benennen, die zur Erfüllung des Bedürfnisses beitragen oder Situationen zu beschreiben, in welchen das Bedürfnis erfüllt oder unerfüllt ist. Außerdem können Geräusche und Gesten die Erläuterungen ergänzen. Tabu sind alle Wörter, die zur Wortfamilie des Bedürfniswortes gehören. Sollte ein Bedürfnis auch nach mehrmaligen Beschreibungsversuchen nicht erraten werden, entscheidet die Gruppe gemeinsam, die Karte als nicht gelöstes Wort zur Seite zu legen. Wettbewerbscharakter gewinnt das Spiel, wenn die Anzahl der gelösten Begriffe jeder Gruppe am Ende genannt wird.

ÜBUNG 20 Gefühle als Bedürfnisanzeiger nutzen

Zeitbedarf: 5–10 Minuten
Material: KV 25 „Gefühle sind Hinweisgeber für Bedürfnisse" (S. 107), optional KV 2 „Bedürfnis-Wortschatz" (S. 76)
Sozialform: Einzel- oder Paararbeit, Plenum
Vorbereitung: Kopieren Sie KV 25 und ggf. KV 2 in Klassenstärke.

Positiv erlebte Gefühle weisen uns darauf hin, dass Bedürfnisse erfüllt sind. Negativ erlebte Gefühle machen uns hingegen darauf aufmerksam, dass Bedürfnisse nicht erfüllt sind, und geben uns den Impuls zur Veränderung. Je klarer uns die Verbindung zwischen Gefühlen und Bedürfnissen wird, desto rascher gelingt es uns, „negative" Gefühle loszulassen, indem wir auf konstruktive Lösungen hinwirken. Mit der KV 25 wird diese Verbindung beleuchtet. Nach der Bearbeitung der KV ist ein kurzer Austausch der Lösungen im Plenum sinnvoll.

ÜBUNG 21 Vorwürfe in Bedürfnisse verwandeln

Zeitbedarf: 15 Minuten
Material: KV 26 „Vorwürfe in Bedürfnisse verwandeln" (S. 108), KV 2 „Bedürfnis-Wortschatz" (S. 76)
Sozialform: Paararbeit oder Kleingruppen, Plenum
Vorbereitung: Kopieren Sie KV 26 und ggf. KV 2 in Klassenstärke.

Im Modul 2 haben wir ausprobiert, wie wir und andere häufig reagieren, wenn wir einen Vorwurf hören. In der Regel wird dann der „Wolf nach innen" oder der „Wolf nach außen" aktiv. Mit ein wenig Übung gelingt es uns, mit „Giraffenohren" ein unerfülltes Bedürfnis hinter einem Vorwurf, einer Abwertung, einer Zuschreibung oder einem Urteil zu vermuten. Erkennen wir, was wir oder andere brauchen, fördert dies Verständnis und Verbindung. Die Bereitschaft, nach konstruktiven Lösungen zu suchen, wächst.

Auf KV 26 finden die Schüler*innen verschiedene Vorwürfe und werden gebeten, dahinter mögliche Bedürfnisse zu vermuten. Dies gelingt mit „Giraffenohren nach außen" und der Frage „Was brauchst du?" bzw. vermutend „Was könnte der andere Mensch brauchen?". Dabei können hinter einem Vorwurf mehrere unerfüllte Bedürfnisse versteckt sein. Es ist sinnvoll, die KV in Paaren oder sogar in Kleingruppen zu bearbeiten. Mit unterschiedlichen Blickwinkeln und im Austausch finden sich meist zahlreiche mögliche Bedürfnisse. Die verschiedenen Lösungen können abschließend im Plenum ausgetauscht werden.

ÜBUNG 22 Wege vom Urteil zum Bedürfnis

Zeitbedarf: 45 Minuten
Material: KV 27 „Wege vom Urteil zum Bedürfnis" (S. 109–110), ggf. Download 4
Sozialform: Plenum, Einzel- oder Paararbeit
Vorbereitung: Kopieren Sie KV 27 (1/2) in Klassenstärke. Drucken Sie entweder Download 4 für das Tafelbild aus oder kopieren Sie KV 27 (2/2) in Klassenstärke.

Insbesondere bei negativen Gedanken, die wir selbst über andere haben, fällt der Blick dahinter nicht immer leicht. Wir finden andere z. B. unverschämt, egoistisch oder nervend, wenn sich Bedürfnisse nicht erfüllen. Um eigene Bedürfnisse zu erkennen, sind „Giraffenohren nach innen" (Selbstempathie: „Was brauche ich?") gefragt. Gelegentlich kann es hilfreich sein, eine Umleitung zu nehmen, um auf erfüllte Bedürfnisse zu stoßen, denn diese können wir leichter wahrnehmen. Daraus können wir dann auf unerfüllte Bedürfnisse schließen. Mit den folgenden Beispielen können die verschiedenen Umleitungen im Plenum erarbeitet werden, bevor die Schüler*innen sie mit KV 27 (1/2) in Einzel- oder Paararbeit selbst anwenden. Je ein weiteres Beispiel finden Sie auf den Überblickskarten KV 27 (2/2), die Sie in vergrößerter Kopie für das Tafelbild nutzen (Download 4) oder als Hilfestellung für die Weiterarbeit an die Schüler*innen austeilen können.

A) Du ärgerst dich über eine konkrete Situation oder ein konkretes Verhalten.

Hinweis: Rein formal könnte dies eine Beobachtung sein. In welchem Ton du etwas denkst oder sagst bzw. mit welcher Intention du dies tust, ist hier entscheidend. Wenn mitschwingt, dass andere etwas falsch machen oder sich schämen sollten, befindest du dich auf der Vorwurfsebene.

Beispiel: Im Sportunterricht bei einem Handballspiel: „Toni gibt den Ball nicht ab."
Umleitung **Formuliere das Gegenteil!** ➡ Toni gibt den Ball ab.
Welche Bedürfnisse würden sich dann für dich erfüllen?
= Zugehörigkeit, Vertrauen, Erfolg, Spaß, Kooperation …

Wenn du dich also ärgerst, dass Toni den Ball nicht abgibt, dann wünschst du dir vermutlich Zugehörigkeit, Vertrauen, Erfolg, Spaß, Kooperation …

B) Du beurteilst jemanden.

Beispiel: Frau Martin hat nach zwei Wochen die Klassenarbeit noch nicht zurückgegeben: „Frau Martin ist einfach faul."
Umleitung **Finde eine Beschreibung und formuliere Gegenteile (➡).**

Wer faul ist, …	Wer fleißig ist, …
erledigt seine Arbeit nicht.	➡ erledigt seine Arbeit. erfülltes Bedürfnis: Verlässlichkeit
lässt andere für sich arbeiten.	➡ entlastet andere. erfülltes Bedürfnis: Entlastung, Entspannung
dem ist egal, ob andere darunter leiden.	➡ hat auch das Wohl anderer im Blick. erfülltes Bedürfnis: Gesehenwerden, Rücksicht, Empathie

Wenn du Frau Martin vorwirfst, dass sie faul ist, dann brauchst du vielleicht Entspannung (hier durch Klarheit), Empathie und Verlässlichkeit.

Hinweis: Wenn du allgemein Zuschreibungen oder Schimpfwörter verwendest (z. B.: „Sie ist eine Egoistin." oder „Er ist ein Angeber."), ist diese Umleitung ebenfalls hilfreich. Definiere in diesem Fall das Substantiv (Egoistin, Angeber) und formuliere das Gegenteil.

C) Du formulierst Forderungen oder (moralische) Erwartungen.

Wenn wir eine Forderung formulieren, erheben wir damit den Anspruch, eine alleingültige Lösung für ein Problem zu kennen. Von anderen erwarten wir, dass sie sich gemäß unseren Forderungen oder Erwartungen verhalten. Meist kommen in diesen Sätzen Wörter wie „sollte", „müsste" oder „muss" vor.

Beispiel: In einer Diskussion fällt dir Maria ständig ins Wort. Du denkst: „Maria sollte sich nicht ständig in den Vordergrund drängen."

Umleitung **Formuliere eine Aussage ohne „sollte", „müsste" oder o. Ä.!**

➡ Maria drängt sich nicht in den Vordergrund.
Welche Bedürfnisse würden sich dann für dich erfüllen?
= Ruhe, Zeit, Raum, Entspannung, Rücksicht, Gehörtwerden, Kooperation

Du wünschst dir also vermutlich, dass du deine Gedanken in Ruhe ausführen kannst. Dir sind Gehörtwerden, Entspannung und Rücksicht wichtig.

ÜBUNG 23 Bedürfnisse und Strategien

Zeitbedarf: 30 Minuten
Material: KV 28 „Bedürfnisse und Strategien" (S. 111), optional Blanko-Wortkarten
Sozialform: Einzel- oder Paararbeit, Paararbeit oder Kleingruppen, Plenum
Vorbereitung: Kopieren Sie KV 28 in Klassenstärke.

Hinweis: Wenn wir wissen, was wir brauchen, sind wir der Lösung eines Konfliktes oft schon ganz nahe. Mit der Frage „Was brauche ich?" bzw. „Was brauchst du?" fragen wir nach einem Bedürfnis. Das Bedürfnis unterscheiden wir von der Strategie. Eine Strategie stellt eine einzige, ganz konkrete Lösung dar. Ein Bedürfnis lässt dagegen verschiedene Möglichkeiten der Erfüllung zu. Aus dieser Fülle können wir eine Option als Strategie auswählen und diese später beim vierten GFK-Schritt als Bitte formulieren. Selbst wenn die Bitte auf Ablehnung stoßen sollte, wissen wir dann bereits, dass wir nicht von dieser einen Strategie abhängig sind.

Mit KV 28 üben die Schüler*innen, Strategien von Bedürfnissen zu unterscheiden. Die Aufgaben 1 und 2 sind in Einzel- oder Paararbeit denkbar. Bei Aufgabe 3 werden die Schüler*innen angeregt, zu einzelnen Bedürfnissen verschiedene Strategien zu sammeln. An konkreten Beispielen wird so deutlich, dass Weite entstehen kann, wenn wir zunächst beim Bedürfnis verweilen und uns nicht vorschnell auf eine einzige Strategie festlegen. Diese Aufgabe eignet sich für die Arbeit in Paaren oder Kleingruppen. Die Ergebnisse stellen die Schüler*innen danach im Plenum vor. Besonders eindrücklich wird die Vielzahl an Möglichkeiten, die zur Erfüllung eines Bedürfnisses denkbar sind, wenn jede Strategie (= Möglichkeit) auf eine neue Wortkarte geschrieben wird. Die Wortkarten können an der Tafel oder Wand um ein Bedürfnis herum gruppiert werden. Sinnvoll ist es, wenn die Gruppen jeweils verschiedene Bedürfnisse bearbeiten.

HILFREICHE KRITERIEN FÜR DIE UNTERSCHEIDUNG SIND:

?? Ist die Erfüllung abhängig von der Zustimmung oder dem Verhalten bestimmter Personen? (Strategie)
Ist die Erfüllung abhängig von bestimmten Dingen oder Rahmenbedingungen? (Strategie)
Fallen dir verschiedene Möglichkeiten der Erfüllung ein? (Bedürfnis)

6. Modul

Bitten formulieren – Bitte vs. Forderung

Ziele: ➡ Unterschied von Bitten und Forderungen kennenlernen
➡ verschiedene Formen der Bitte kennenlernen
➡ vage Bitten von konkreten unterscheiden

INFO

4. GFK-Schritt: Bitte

- Eine Bitte ist ergebnisoffen. Sie unterscheidet sich von einer Forderung. Auch ein Nein wird akzeptiert.
- Eine Bitte ist konkret und erfüllbar.
- Bitten können wir an andere, aber auch an uns selbst richten.
- In der GFK kennen wir Handlungsbitten und Beziehungsbitten.
  - Handlungsbitte: Ich bitte dich/mich, etwas Bestimmtes zu tun/nicht zu tun.
  - Beziehungsbitte: Ich bitte dich, mir zu sagen, was bei dir angekommen ist/ wie es dir geht, nachdem du mir zugehört hast.

➡ **Sprachmuster: Wenn ich sehe/höre …, fühle ich mich …, weil ich … brauche. Ich bitte dich, …**

ÜBUNG 24 Bitten formulieren

Zeitbedarf: 15 Minuten
Material: KV 29 „Bitten formulieren" (S. 112)
Sozialform: Plenum, Einzel- oder Paararbeit
Vorbereitung: Kopieren Sie KV 29 in Klassenstärke.

Hinweis: Ob wir eine Bitte oder eine Forderung formuliert haben, zeigt sich sehr eindeutig an unserer Reaktion, die erfolgt, wenn wir eine Ablehnung auf unsere Frage erhalten. Werden wir ärgerlich oder geraten in Verzweiflung, dann haben wir vermutlich eine Forderung formuliert, bei der wir kein Nein dulden. Eine Bitte formulieren wir hingegen mit offenem Ergebnis. Wir sind bereit, eine Ablehnung anzunehmen oder im Gespräch zu bleiben, um herauszufinden, wie eine Lösung für alle Seiten aussehen könnte. Versteht unser Gegenüber unsere Äußerung als Bitte und kann in dem Vertrauen antworten, dass auch ein Nein akzeptiert wird, wächst meist auch auf dieser Seite die Bereitschaft, sich aus freien Stücken an der Suche nach einer anderen Lösung zu beteiligen.

Die Formulierung allein gibt nicht immer Aufschluss darüber, ob es sich um eine Bitte oder eine Forderung handelt. Oftmals erlauben erst Kontext und Ton der Äußerung eine Unterscheidung. „Kannst du morgen bitte früher kommen?" kann sowohl eine Forderung wie auch eine Bitte sein. Um die Schüler*innen für diesen Aspekt zu sensibilisieren, notieren Sie diese Frage an der Tafel. Arbeiten Sie die Unterschiede zwischen Bitten und Forderungen über eine Diskussion im Plenum heraus.

IMPULSFRAGEN:

Hört ihr hier eine Bitte oder eine Forderung?
Wann würdet ihr diese Frage als Bitte, wann als Forderung verstehen?
Wann wurde eine Bitte an euch gerichtet, die eher eine Forderung war?
Wie fühlt es sich an, wenn eine Forderung an uns gerichtet wird?
Wie reagieren wir bzw. würden wir gerne reagieren? (je nach Gegenüber)
Wie fühlt sich eine Bitte an?

Je konkreter und erfüllbarer wir Bitten formulieren, desto leichter werden wir von unserem Gegenüber verstanden. Auf der Basis von konkreten Bitten entsteht für beide Seiten Handlungssicherheit. Bei einer Ablehnung lässt sich eine konkrete Bitte sehr viel leichter variieren.
Die Bitte „Kannst du morgen bitte früher kommen?" ist vage. Konkret könnten wir fragen: „Kannst du morgen bitte schon um 7:30 Uhr kommen?"

Mit KV 29 üben die Schüler*innen, vage und konkrete Bitten zu unterscheiden sowie vage in konkrete Bitten umzuformulieren. Das Formulieren eigener Bitten erproben die Schüler*innen in Modul 8 beim Klären von Konflikten.

7. Modul

Empathie üben – Perspektive wechseln

Ziele: ➡ Perspektivwechsel üben
➡ verschiedene Reaktionen im Konflikt reflektieren

INFO

Empathie und Selbstempathie

- Mit **Empathie** bezeichnen wir die Bereitschaft und die Fähigkeit, uns in andere hineinversetzen und deren Beweggründe, Gedanken, Gefühle und Bedürfnisse vermuten und nachempfinden zu können.
- Empathie setzt die Fähigkeit zu einem Perspektivwechsel ebenso wie die Fähigkeit zur Selbstempathie voraus.
- Bei der **Selbstempathie** nehmen wir uns Zeit, unsere eigenen Gefühle und Bedürfnisse zu ergründen. **Je vertrauter uns der Umgang mit den eigenen Emotionen ist, desto leichter fällt uns das Einfühlen in andere.**
- Wir unterscheiden Empathie und Sympathie.
  - Bei der **Empathie** bringen wir Verständnis und Mitgefühl für andere auf. Dies kann auch dann gelingen, wenn wir anderer Meinung oder nicht mit einer Handlung einverstanden sind. Durch empathische Fragen/Vermutungen können wir andere unterstützen, Klarheit über ihre Gefühle und Bedürfnisse zu gewinnen.
  - Bei der **Sympathie** solidarisieren wir uns mit der anderen Person. Wir bekräftigen deren Gedanken und Urteile, übernehmen deren Gefühle und ergreifen für sie Partei. Das verstellt den Blick auf konstruktive Lösungen.

ÜBUNG 25 Perspektivwechsel

Zeitbedarf: 20 Minuten
Material: KV 30 „Perspektive wechseln" (S. 113), großes Blatt Papier
Sozialform: Plenum, Einzelarbeit, Kleingruppe
Vorbereitung: Kopieren Sie KV 30 in Klassenstärke.

Bei einem Perspektivwechsel versetzen wir uns in die Lage eines anderen Menschen und betrachten eine Situation aus seinem Blickwinkel. Diese Übung regt dazu an, eine Linie aus verschiedenen Perspektiven zu betrachten und zu überlegen, welche Bilder daraus entstehen könnten. Zeichnen Sie dazu bitte auf ein großes Papier eine Linie, wie sie auf KV 30 abgebildet ist, und legen Sie das Blatt in die Mitte eines Sitz- oder Stehkreises. Bitten Sie um Ideen.

IMPULSFRAGE:

Was könnte aus dieser Linie werden?

Je nach Perspektive werden die Schüler*innen vermutlich unterschiedliche Ideen äußern. Fast automatisch verrenken dabei manche ihren Kopf, um die Ideen anderer aus deren Perspektive leichter nachvollziehen zu können. Greifen Sie diese Bewegungsimpulse auf. Sollte ein solcher Impuls ausbleiben, drehen Sie das Blatt bitte ein- oder mehrmals und verändern Sie damit die Perspektive.

IMPULSFRAGE:

Könnt ihr aus diesem Blickwinkel die Ideen nachvollziehen?
Warum haben manche den Kopf verdreht?

Auf KV 30 können weitere Ideen praktisch umgesetzt werden. Auf spielerische und kreative Weise kann so deutlich werden, dass ein und dieselbe Ausgangssituation bei anderen im Kopf zu teilweise überraschend unterschiedlichen Bildern führen kann. Mit einem Austausch in Kleingruppen oder im Plenum kann die Erkenntnis angeregt werden, dass uns ein Perspektivwechsel helfen kann, zu verstehen, wie oder was ein anderer Mensch denkt.

Wenn wir in einem Konflikt in der Lage sind, auch die Sichtweise des anderen Menschen einzunehmen, uns in dessen Situation zu versetzen, durch dessen Augen zu blicken und mit dessen Ohren zu hören, können wir leichter Verständnis aufbringen und in Verbindung sein.

Hinweis: Diese Übung spricht vornehmlich die sogenannte kognitive Empathie an. Damit ist die Fähigkeit gemeint, nachvollziehen zu können, was sich im Kopf eines anderen Menschen abspielt. Die nachfolgende Übung 26 regt eher die sogenannte emotionale Empathie an, bei der wir uns mit dem Fühlen und Empfinden anderer verbinden.

ÜBUNG 26 Mokassin-Übung

Zeitbedarf: 30 Minuten
Material: ausreichend großer Raum, ggf. Klangschale
Sozialform: Paararbeit, Plenum

Eine Weisheit besagt: „Bewahre mich davor, über einen Menschen zu urteilen, ehe ich nicht eine Meile in seinen Mokassins gegangen bin." Diese Worte finden sich sinngemäß im Gedicht „Judge Softly" von Mary Torrans Lathrap aus dem Jahr 1895 wieder. Mit einer spielerischen Übung gelingt es, diese Weisheit für uns erfahrbar zu machen und uns im vorurteilsfreien emotionalen Einfühlen in andere zu üben. Dabei geht es nicht um ein pantomimisches oder gar clowneskes Nachspielen, sondern um ein inneres Beteiligtsein und damit um ein imaginiertes Miterleben dessen, was andere erleben.

Die Klasse findet sich für diese Übung in Paaren zusammen. A läuft voraus und B folgt mit etwa einer Schrittlänge Abstand. Dabei fühlt sich B in den Körper, die Empfindungen und Wahrnehmungen von A ein. B übernimmt einfühlsam Gangart,

Körperhaltung, Atmung, Tempo und Blickrichtung von A. Während des Gehens schweigen die Paare. Zum Abschluss bleiben die Paare für einen kurzen Moment hintereinanderstehen und lauschen in sich hinein. Um wieder bei sich selbst anzukommen, schütteln beide ihre Rollen als Vorausgehende bzw. Einfühlende ab. Dazu können sie leicht hüpfen, den Körper abklopfen, die Arme kreisen lassen und bewusst ausatmen. Dann setzen sie sich gegenüber und tauschen ihre Wahrnehmungen aus.

HILFREICHE IMPULSFRAGEN FÜR DIE EINFÜHLUNG:

Wie setzt A die Füße auf den Boden? Wie rollt der Fuß ab? Langsam, schnell, ganz?
Wie ist der Gang? Federnd, fest, leise, laut?
Wie aufgerichtet geht A? Wie hält A den Kopf? Wie die Schultern?
Was bewegt sich im Gehen mit? Arme, Nacken, Rücken, Po?
Wie lebendig, müde, kraftvoll, erschöpft, angespannt … wirkt die Bewegung?
Was nimmt A mit Augen, Ohren, der Haut möglicherweise wahr?

HILFREICHE IMPULSFRAGEN FÜR DEN AUSTAUSCH:

Wie hast du dich beim Vorauslaufen gefühlt?
Wie ist dir die Einfühlung gelungen? Was war leicht zu übernehmen, was schwer?
Welche Unterschiede oder Ähnlichkeiten zu deinen eigenen Bewegungen hast du wahrgenommen?
Was hat dich gewundert? Was hast du an dem*der anderen noch nie bemerkt?

TIPP: Um die eher meditative Atmosphäre, die bei dieser Übung entstehen kann, zu unterstützen, ist es sinnvoll, die einzelnen Übungsphasen (Gehen, Stehen, Spüren, Austausch, Rollenwechsel) mit einem angenehmen akustischen Signal einzuläuten (z. B. mit einer Klangschale). Damit die Paare möglichst ungestört und ganz auf sich bezogen sein können, ist ein großer Raum hilfreich. Nutzen Sie die Gänge des Schulgebäudes oder auch Plätze im Freien. Klären Sie den Organisationsrahmen (Wer arbeitet mit wem? Wer beginnt? Welcher Raum wird genutzt? Welches Signal läutet eine neue Phase ein?).
Optional: Je nach Lerngruppe kann es Sinn ergeben, mit einer kurzen, angeleiteten Meditation zu beginnen, die Verbindung und Einfühlung erleichtert. Bedenken Sie bitte, dass dies für einige Schüler*innen möglicherweise die erste Begegnung mit einer Körperübung ist und ein Einlassen darauf durchaus etwas Mut erfordert.

Angeleitete Meditation:

- Bitte schließt die Augen, setzt euch möglichst aufgerichtet und zugleich bequem hin.
- Nehmt bitte eure Füße auf dem Boden wahr. Wie ist der Kontakt zum Boden? Wie viel Platz nehmen die Füße ein? Nehmt wahr, dass wir alle auf einer gemeinsamen Erde stehen. Wir haben hier alle unseren Platz. Wir teilen uns diese Erde.
- Nehmt bitte euren Atem wahr. Wann kommt dein Atem, wann geht er? Wo nimmst du die Bewegung im Köper wahr? Nimm bitte wahr, dass wir alle atmen. Hier und auf der ganzen Erde. Die Erde atmet.

- Nimm dich von Kopf bis Fuß wahr. Mit all deinen Gefühlen und Bedürfnissen, mit deinem Herzen, deiner Kraft und allem, was dich ausmacht. Lasse Gedanken mit deinem Atem vorüberziehen. Lasse sie wie eine Feder im Wind weiterziehen. Nimm bitte wahr, dass wir alle Gefühle und Bedürfnisse haben.
- Vielleicht möchtest du zum Abschluss deine Hände auf dein Herz legen. Nimm wahr, dass alle Menschen von ihrem Herzen, ihren Gefühlen und Bedürfnissen bewegt werden. Lasse deinen Atem kommen und gehen.
- Wenn das Signal ertönt, öffne langsam die Augen. Suche mit deinem*deiner Partner*in einen kurzen stillen Blickkontakt und beginne dann mit der Übung.

ÜBUNG 27 Empathie – oder nicht?

Zeitbedarf: 25–45 Minuten
Material: KV 31 „Empathie – oder nicht?" (S. 114), optional KV 32 „Was ist Empathie – und was nicht?" (S. 115)
Sozialform: Plenum, Einzel- und Paararbeit bzw. Kleingruppe für die Weiterarbeit mit KV 32
Vorbereitung: Kopieren Sie KV 31 in Klassenstärke.

Schildern Sie die Situation von KV 31 im Plenum. Besprechen Sie dann nach und nach die verschiedenen Reaktionsmöglichkeiten (Sprechblasen) und bitten Sie die Schüler*innen, deren Wirkung zu reflektieren. Im Anschluss erläutern Sie die verschiedenen Reaktionsmöglichkeiten wie hier nachfolgend beschrieben. Die Schüler*innen können diese dann auf ihren Arbeitsblättern unter der entsprechenden Sprechblase notieren. Daran kann sich eine Weiterarbeit mit KV 32 zur Vertiefung anschließen.

IMPULSFRAGEN:

Bei welchen Reaktionen würdet ihr euch gesehen, gehört fühlen?
Welche Reaktionen führen eher dazu, dass ihr weitererzählen würdet?
Welche Reaktionen führen eher dazu, dass ihr nicht weitererzählen würdet?
Welche Reaktionen könnten eher helfen, den Blick auf Lösungen zu richten?
Welche Reaktionen könnten eher dazu führen, dass das Problem mehr Gewicht bekommt, sich Gedanken im Kreis drehen, eher Schuld- oder Rachegelüste ausgelöst werden?

Wenn uns jemand einen Konflikt oder ein Problem schildert, gibt es verschiedene Möglichkeiten, darauf einzugehen.

➡ **Wir gehen empathisch auf die Person ein.**
Absicht: Wir unterstützen sie mit Vermutungen oder einfühlsamen Fragen bei der Klärung ihrer Gefühle und Bedürfnisse.
Wirkung: Wir schaffen Verbindung. Wir stärken das Vertrauen, dass konstruktive Lösungen möglich sind. Wir unterstützen die Person, Selbstverantwortung zu übernehmen.

Reagieren wir in anderer Weise, tun wir dies oft ebenfalls in bester Absicht. Die Wirkung ist jedoch häufig eine andere. Hier geht es nicht darum, Reaktionsweisen als richtig oder falsch zu klassifizieren. Ziel ist es, Sensibilität dafür herzustellen, was Empathie bedeutet, was im Umkehrschluss keine Empathie darstellt, und zu klären, dass Empathie uns unterstützen kann, Gefühle und Bedürfnisse zu erkennen und konstruktive Lösungen in den Blick zu nehmen.

➡ **Wir spielen das Problem herunter und bagatellisieren es.**
„Das ist doch wirklich nicht so schlimm."
„Das passiert nun mal."
„Darüber brauchst du dich doch nicht aufzuregen."
Absicht: Person entlasten, vom Problem ablenken, uns selbst nicht von „negativen" Gefühlen berühren lassen
Wirkung: Die andere Person fühlt sich nicht ernst genommen.

➡ **Wir erzählen unsere eigene Geschichte.**
„Das kenne ich. Das ist mir neulich auch passiert …"
„Da geht es dir so wie mir …"
Absicht: Verbindung herstellen, Verständnis signalisieren
Wirkung: Die andere Person fühlt sich nicht gesehen/gehört.

➡ **Wir ziehen Vergleiche.**
„Anderen geht es genauso wie dir."
„XYZ ist noch viel schlimmer dran."
„Stell dir vor, du müsstest mit XYZ tauschen."
„Sei froh, dass es dir nicht wie XYZ geht."
Absicht: Person erleichtern, Blick auf Probleme anderer richten
Wirkung: Die andere Person fühlt sich nicht gesehen/gehört.

➡ **Wir sympathisieren mit der Person.**
„Da hast du völlig Recht."
„Das sehe ich genau wie du."
„Das ist unverschämt. So dürfen dich andere nicht behandeln."
Absicht: Verbindung herstellen, Person in ihrer Haltung bestärken
Wirkung: Der Fokus richtet sich noch mehr auf das Problem. Person fühlt sich in ihrer Opferhaltung, ihrer (festgefahrenen) Position bestärkt.

➡ **Wir erteilen Ratschläge.**
„Das würde ich auf keinen Fall/auf jeden Fall machen."
„Das solltest du dir nicht gefallen lassen."
„Mach doch …"
„Du musst nur …"
Absicht: Person unterstützen, Perspektiven aufzeigen, Problem mit schneller Lösung aus der Welt schaffen
Wirkung: Wir verlassen die Augenhöhe, ein Macht- und Abhängigkeitsgefälle entsteht.

TIPP: Ein Lösungsvorschlag kann dennoch manchmal hilfreich sein, wenn er nicht erteilt, sondern angeboten wird. In einem empathischen Gespräch können wir in diesem Fall z. B. fragen: „Möchtest du eine Idee von mir dazu hören?" Dann kann die Person frei entscheiden, ob sie offen für Anregungen ist.

Konflikte lösen – GFK-Schritte gehen

Ziele: ➡ eigene Konflikte erhellen
➡ andere im Konflikt einfühlsam unterstützen

INFO

Konflikte klären

Um einen Konflikt konstruktiv aufzulösen, gibt es verschiedene Möglichkeiten. Abhängig von der Situation und den Beteiligten eignen sie sich in unterschiedlichem Maße oder greifen ineinander:

Selbstempathie: Um mir in einem Konflikt über meine Gefühle und Bedürfnisse klar zu werden, beantworte ich die Fragen zu den GFK-Schritten für mich. Nach dieser inneren Klärung kann ich das Gespräch mit meinem*meiner Konfliktpartner*in suchen. Hat sich innere Klarheit eingestellt, ergeben sich auch unabhängig von einem Gespräch konstruktive Lösungen. Dieser Weg eignet sich zur Vorbereitung auf ein Gespräch. Ebenso lässt sich eine Situation, die nicht zu meiner Zufriedenheit verlaufen ist, im Nachgang reflektieren, um für mein zukünftiges Handeln Perspektiven zu gewinnen. Der Weg der Selbstempathie hilft mir zudem, wenn mein*e Konfliktpartner*in (noch) nicht bereit ist, mit mir zu sprechen.

Selbstempathie mit Unterstützung: Ich bitte eine andere Person, mir Einfühlung zu geben. Diese Person begleitet mich im Selbstempathie-Prozess, stellt mir die jeweiligen GFK-Fragen und unterstützt mich mit entsprechenden Vermutungen zu meinen Gefühlen und Bedürfnissen. Durch die Impulse von außen kann es leichter gelingen, kreisende Gedanken loszulassen und in Resonanz mit Bedürfnissen zu gehen, die mir selbst womöglich nicht in den Sinn gekommen wären. Wie oben beschrieben, kann dies der Vorbereitung eines Gespräches wie auch der Reflexion einer Situation dienen. Es kann hilfreich sein, wenn die unterstützende Person meine Gedanken notiert oder eine weitere Person mit dieser Aufgabe betraut wird. Gerade wenn mein*e Konfliktpartner*in (noch) nicht bereit ist, mit mir zu sprechen, kann es eine große Erleichterung sein, die eigenen Gedanken und Gefühle zu äußern und mit jemandem in Verbindung zu treten.

Empathie zur Unterstützung: Dies ist die andere Seite der oben beschriebenen Selbstempathie mit Unterstützung. Ich selbst bin nicht in den Konflikt involviert, fühle mich aber empathisch in die Person ein, die mich um Unterstützung bittet. Dabei verzichte ich auf Ratschläge, Bewertungen o. Ä. (siehe *Empathie – oder nicht?*, S. 59).

Empathie im Konflikt: Empathie kann ich auch für eine Person aufbringen, mit der ich selbst im Konflikt bin. Dann fühle ich mich in mein Gegenüber ein und betrachte den gemeinsamen Konflikt aus der anderen Perspektive. Aufrichtig gelingt mir dies erst, wenn ich meine negativen Gedanken und Urteile in Bezug auf die Person loslassen konnte. Bin ich selbst in einen Konflikt verwickelt, geht der Weg immer von der Selbstempathie zur Empathie. Erst wenn ich selbst meine echten Gefühle und Bedürfnisse greifen und benennen kann, bin ich offen, mich mit dem

Menschen hinter dem Gegenüber zu verbinden. In der Vorbereitung auf ein Gespräch kann es hilfreich sein, sich die Schritte zur Selbstempathie wie auch zur Empathie zu notieren. Auch im direkten Gespräch kann ich mit empathischen Fragen oder Vermutungen immer wieder Verständnis und Verbindung ermöglichen. Dabei kann sich ein Wechsel von Selbstausdruck („Ich fühle mich …", „Ich brauche …") und Empathie („Was fühlst du?", „Was brauchst du?") einstellen. Sobald ich bemerke, dass urteilende Gedanken wieder auftauchen, ist es an der Zeit, innezuhalten und mir selbst empathisch zu begegnen. Je geübter ich bin, desto fließender läuft das Pendeln zwischen Selbstempathie und Empathie ab.

Vier-Ohren-Modell der GFK in Einzelarbeit: Beim Vier-Ohren-Modell der GFK fließen Selbstempathie und Empathie ineinander. Das Modell in Einzelarbeit ist daher etwas anspruchsvoller als die beiden getrennten Wege der Selbstempathie und der Empathie. Hier lasse ich zunächst alle Urteile und Vorwürfe, die ich nach außen habe („1. Wolf nach außen"), und alle Selbstvorwürfe, Schuld- und Schamgefühle nach innen („2. Wolf nach innen") zu. Dann gebe ich mir selbst Einfühlung („3. Giraffe nach innen") und fühle mich schließlich in mein Gegenüber ein („4. Giraffe nach außen"). Aus diesem Prozess können Ideen für Bitten an mich selbst oder andere entstehen. Wenn ich einzelne Vorwürfe und Urteile nur schwer loslassen kann, lohnen sich sogenannte Umwege.

Hinweis: Das Vier-Ohren-Modell der GFK unterscheidet sich vom Vier-Ohren-Modell, das Schulz von Thun entwickelt hat. Sollte dieses den Schüler*innen bekannt sein, ist hier zur Klärung ein kurzer Hinweis sinnvoll.

Vier-Ohren-Modell der GFK in Gruppen: Ich nenne den Vorwurf, der mich trifft, und beschreibe die Situation in knappen Worten. Die anderen setzen stellvertretend für mich die vier Ohren auf. Dieser Weg eignet sich besonders gut, wenn ich selbst immer um die gleichen Gedanken kreise und mich nur schwer davon lösen kann. Die anderen stellen stellvertretend für mich mein vermutetes Innenleben dar, auf das ich mit etwas Distanz blicken kann. Sie sprechen vielleicht Dinge aus, die ich selbst nicht auszusprechen gewagt hätte, oder erspüren Dinge, die ich selbst von mir fernhalte. Wenn ich bereit bin, mich der Gruppe zu öffnen, dann kann die emotionale Intelligenz aller sehr unterstützend wirken. Durch die Vielzahl der Vermutungen, die in einer Gruppe auftauchen, ergibt sich oft eine umfassendere Klarheit für mich. Mit dieser Klarheit kann ich mich ggf. an meine*n Konfliktpartner*in wenden. Das Vier-Ohren-Modell der GFK eignet sich nur, wenn der*die Konfliktpartner*in nicht dabei ist.

Mediation im Konflikt: Sind beide Konfliktpartner*innen anwesend und bereit, den Konflikt mit einer vermittelnden dritten Person zu beleuchten, eignet sich die Mediation. Eine unbeteiligte, allparteiliche Person unterstützt beide Seiten, sich in den GFK-Schritten auszudrücken und zu einer gemeinsamen Lösung zu kommen.

ÜBUNG 28 Selbstempathie

Zeitbedarf: 15 Minuten
Material: KV 4 „Die Schritte im Konflikt: Selbstempathie" (S. 79), KV 1 „Gefühle-Wortschatz" (S. 75), KV 2 „Bedürfnis-Wortschatz" (S. 76)
Sozialform: Einzelarbeit
Vorbereitung: Bitte kopieren Sie KV 4 in Klassenstärke und ggf. KV 1 und 2.

Sind wir selbst in einen Konflikt verwickelt, benötigen wir zunächst Selbstempathie. Erst wenn wir auf diesem Weg Pseudogefühle und urteilende Gedanken in echte Gefühle verwandeln und Bedürfnisse klären konnten, können wir auch unserem Gegenüber empathisch begegnen. Selbstempathie bringen wir uns selbst entgegen, indem wir in uns nach Antworten auf die Fragen zu den jeweiligen GFK-Schritten suchen („Giraffe nach innen"). Oftmals kann es unterstützend sein, eine andere Person zu bitten, uns in diesem Prozess empathisch zu begleiten.
Hier üben die Schüler*innen zunächst in einem eigenen Konflikt, ihre Giraffenohren nach innen zu richten. In einem zweiten Schritt lassen sie sich zu ihrem Konflikt Einfühlung von einem*einer Mitschüler*in geben. Bitten Sie die Schüler*innen, sich an eine Situation zu erinnern, in der sie sich unwohl gefühlt haben, negative Gedanken über sich oder andere hatten und die sie noch immer bewegt.

TIPP: Es kann hilfreich sein, die Augen zu schließen und gedanklich den Morgen, den Tag oder die vergangene Woche an sich vorüberziehen zu lassen.

IMPULSFRAGEN:

?? Über wen oder was hast du dich kürzlich, vielleicht in dieser Woche, gestern oder sogar heute geärgert?
Welche Situation ruft negative Gefühle und Urteile über dich selbst oder andere hervor?
Welche Situation, in der du dich unwohl gefühlt hast, ist für dich noch nicht gelöst?

Ausgehend von dieser Situation, beantworten sie die GFK-Fragen zu den jeweiligen Schritten und notieren ihre Gedanken auf KV 4. Ein Umweg über Urteile, Gedanken und Pseudogefühle ist dabei meist hilfreich, hier dienen KV 1 und 2 als Unterstützung.

ÜBUNG 29 Empathie geben

Zeitbedarf: pro Konflikt 15 Minuten
Material: ausgefüllte KV 4 „Die Schritte im Konflikt: Selbstempathie" (S. 79), KV 1 „Gefühle-Wortschatz" (S. 75), KV 2 „Bedürfnis-Wortschatz" (S. 76)
Sozialform: Plenum, Paararbeit

Erläutern Sie den Ablauf der Übung im Plenum: Die Schüler*innen finden sich in Paaren zusammen. A schildert die Situation, die bereits auf KV 4 notiert wurde (siehe Übung 28 *Selbstempathie*), und benennt Gedanken und Pseudogefühle.
B hört empathisch zu und fasst das Gehörte im Anschluss paraphrasierend zusammen (aktives Zuhören). Auf diese Weise wächst die Verbindung und B kann sicherstellen, A auch wirklich verstanden zu haben. Für A entsteht durch das Widerspiegeln der eigenen Aussage ein kleiner Abstand zur Situation, der ein kurzes Innehalten, das Strukturieren der Gedanken und ein Annähern an echte Gefühle erlaubt.

TIPPS für aktives Zuhören und empathisches Begleiten:
Beim aktiven Zuhören wenden wir uns anderen wohlwollend zu und muntern diese durch eine zugewandte Körperhaltung und eine offene Mimik zum Sprechen auf. Aktives Zuhören ist auf inhaltliches Verständnis bezogen. Wir fassen zusammen, was wir gehört haben. Dabei filtern wir das Gemeinte.
Höre schweigend, urteilsfrei und offen zu. Blicke die Sprechenden an. Sitze mit zugewandter Körperhaltung. Konzentriere dich auf die inhaltlichen Aussagen, weniger auf den Wortlaut. Denke beim Zuhören noch nicht darüber nach, was du später sagen willst. Nimm dir einen Moment Zeit, wenn der*die Sprechende fertig ist. Fasse dann in deinen Worten zusammen, was du verstanden hast:

Beobachtung spiegeln: *„Ich habe gehört, dass …"*
Übersetze Bewertungen, die vielleicht geäußert wurden, in Beobachtungen. Frage zur Vermeidung von Missverständnissen ggf. noch einmal nach und warte auf eine Antwort. *„Habe ich dich so richtig verstanden?"*
Wenn du etwas nicht verstanden hast oder unsicher bist (z. B. wenn du einen Namen, einen Ort o. Ä. vergessen hast), frage noch einmal nach. *„Damit ich dich richtig verstehe, sage mir bitte noch einmal …"* oder *„Habe ich richtig verstanden/gehört …?"*

Gefühle spiegeln: *„Ich habe gehört, dass du dich … fühlst."*
Übersetze bei deiner Zusammenfassung Gedanken und Pseudogefühle in echte Gefühle. Formuliere dann eher fragend: *„Bei mir kam an, dass du dich … fühlst. Ist das so?"* Frage ggf. empathisch nach Gefühlen weiter oder vermute: *„Wie geht es dir jetzt?"* oder *„Fühlst du dich vielleicht auch …?"*

Bedürfnisse klären: *„Was hättest du in der Situation gebraucht?" „Was brauchst du jetzt, wenn du an die Situation denkst?"*
Übersetze Strategien in Bedürfnisse und stelle selbst weitere Vermutungen an. *„Brauchst du vielleicht auch …"* und/oder *„Könnte es sein, dass dir auch … wichtig ist?"*

Bitten formulieren: *„Was wünschst du dir konkret?", „Wie könnte sich die Situation für dich lösen?", „Wen könntest du bitten?", „Gibt es eine Bitte, die du an dich selbst stellen könntest/möchtest?"*
Übersetze auch hier Forderungen in Bitten und unterstütze die sprechende Person, möglichst konkrete Bitten zu formulieren.

Wenn uns auf diese Weise eine andere Person zuhört, entdecken wir mit ihrer Hilfe eventuell Bedürfnisse, die uns bislang nicht klar waren. Auch Ideen für Bitten können sich konkretisieren. A kann neue Erkenntnisse auf der bereits ausgefüllten KV 4 ergänzen. Hat A Einfühlung bekommen, wechseln die Rollen. Möchten sich Schüler*innen mit ihren Konflikten nicht mitteilen, bitten wir, dies zu berücksichtigen. Möglicherweise sind sie bereit, dennoch anderen Einfühlung zu geben.

TIPP: Wenn Schüler*innen bereit sind, ihren Konflikt offen zu schildern, ist ein gemeinsames Beleuchten im Plenum oft sehr fruchtbar. In diesem Fall begleitet die ganze Klasse den Prozess, indem die Umsitzenden immer wieder empathische Vermutungen einbringen. Exemplarisch können dann ein bis zwei Konflikte gemeinsam im Plenum bearbeitet werden, bevor dann in Paaren oder Kleingruppen weitergearbeitet wird. Auch bei Vertiefungswünschen Einzelner nach der Paararbeit oder bei akuten Konflikten in der Klasse eignet sich die Konflikterhellung im Plenum. Voraussetzung ist hier immer die Einwilligung aller Betroffenen, dieses Format anzunehmen.
Einladend und strukturierend ist es, wenn die GFK-Schritte (Beobachtung, Gefühl, Bedürfnis und Bitte) in der Kreismitte am Boden liegen. Die Vorlagen aus Download 8 können genutzt werden, um daraus Fußmatten anfertigen zu lassen, auf denen auch ein Gehen, Stehen oder Sitzen möglich ist. Sinnvoll ist es, auch die Nebenstraße (Bewertung, Pseudogefühl, Strategie und Forderung) jeweils neben dem zugehörigen GFK-Schritt auszulegen. Je fortgeschrittener die Übenden sind, desto seltener wird ein lineares Abschreiten der Schritte. Stattdessen entwickelt sich ein lebendiges Hin-und-Her-Bewegen. Dabei ist es völlig normal, dass immer wieder auch Äußerungen, die zur Nebenstraße gehören, fallen. Um zu verdeutlichen, an welchem Schritt der Prozess sich befindet, können Schüler*innen, die ihren Konflikt vortragen, selbst auf diesen Schritten gehen. Alternativ kann ein Kegel o. Ä. auf die Schritte gerückt werden. Diese Visualisierung bringt Orientierung und hilft dabei, von der Nebenstraße immer wieder zu den GFK-Schritten zurückzufinden.

ÜBUNG 30 Vier-Ohren-Modell der GFK in Einzelarbeit

Zeitbedarf: pro Konflikt 15 Minuten
Material: KV 33 „Umgang mit Vorwürfen – Das Vier-Ohren-Modell der GFK" (S. 116)
Sozialform: Einzelarbeit
Vorbereitung: Kopieren Sie KV 33 in Klassenstärke.

Mit dem Vier-Ohren-Modell der GFK beleuchten wir einen Konflikt von allen Seiten. Dies hilft uns bei der Klärung unserer eigenen Gefühle und Bedürfnisse und lässt uns Vermutungen über die Gefühle und Bedürfnisse von Konfliktpartner*innen anstellen. Konnten wir alle Seiten wahrnehmen, fördert dies unser Verständnis für andere und hilft uns beim Entwickeln von Lösungsideen. Beim Vier-Ohren-Modell der GFK setzen wir sowohl Wolfs- als auch Giraffenohren auf. Entscheidend ist die Reihenfolge. Zunächst lassen wir negative Gedanken und Urteile über andere („1. Wolf nach außen") und uns („2. Wolf nach innen") zu. Konnten diese Gedanken und Urteile notiert oder geäußert werden, gelingt damit meist ein erstes Loslassen und wir können uns der Selbstempathie („3. Giraffe nach innen") und der Empathie („4. Giraffe nach außen") öffnen. Ausgangspunkt ist beim Vier-Ohren-Modell der GFK ein Vorwurf, der an uns gerichtet wurde, ein Satz, den wir als Angriff empfunden haben, oder eine Aussage, die in uns negative Gefühle ausgelöst hat. Auf KV 33 notieren die Schüler*innen einen solchen Vorwurf bzw. Satz und „spielen" für sich die verschiedenen Ohren durch.

Beispielsituation:
Sina und Anni bereiten gemeinsam ein Referat vor. Bei der Präsentation fällt Sina Anni mehrfach ins Wort. Danach sagt Anni: „Du brauchst immer die große Bühne und musst dich wichtigmachen."

Sina spielt den Vorwurf „Du musst dich immer wichtigmachen." durch:

1. Wolf nach außen	3. Giraffe nach innen
„Was will die blöde Kuh? Die kann froh sein, dass ich mich so engagiere. Soll sie sich halt besser vorbereiten. Dann stottert sie auch nicht so rum. Was glaubt die, warum wir gut bewertet wurden? Ich habe das ja wohl rausgerissen."	„Ich wünsche mir Wertschätzung für mein Engagement. Ich wünsche mir Respekt im Umgang. Zugleich wünsche ich mir, dass ich mehr Geduld aufbringe. Damit mir das gelingt, brauche ich Vertrauen. Vertrauen, dass ich genug bin, egal was ich leiste. Ich wünsche mir, dass ich ein Referat auch entspannt halten kann und davon nicht alles abhängt. Und ich wünsche mir eine gute Verbindung zu Anni. Ich bin traurig, dass wir gerade nicht miteinander klarkommen. Über die gute Bewertung freue ich mich gar nicht richtig. Die ist morgen sowieso schon wieder vergessen."
2. Wolf nach innen	**4. Giraffe nach außen**
„Ich kann meinen Mund einfach nicht halten. Vielleicht hätte ich Anni ein bisschen mehr Zeit lassen müssen. Ich muss meinen Perfektionismus mal in den Griff kriegen. Leistung ist doch nicht alles, wann kapier ich das endlich mal. Ich habe Anni vielleicht zu viel zugemutet. Ich habe sie nicht gefragt, ob sie noch Hilfe braucht. Dabei weiß ich doch, dass es mir leichtfällt, Referate zu halten, und ihr nicht."	„Anni braucht Sicherheit. Sie sagt nur etwas, wenn sie sich ganz sicher ist. Sie braucht also vielleicht auch Vertrauen. Vielleicht wünscht sie sich im Vorfeld mehr Klarheit und Unterstützung und Rücksicht in der Situation."

Daraus können Ideen für Bitten entstehen:

Bitten an mich selbst:
Ich bitte mich, mit Anni zu sprechen und ihr meine Bedürfnisse zu nennen und sie nach ihren zu fragen.
Ich bitte mich, bevor ich den Mund aufmache, tief ein- und auszuatmen.
Ich schreibe mir sieben Dinge auf, die ich an mir mag, die nicht mit Leistungen zusammenhängen.

Bitten an andere:
Ich bitte Anni, mir zu sagen, ob sie mir sagen kann, wie ich reagieren könnte, wenn sich so eine Situation wiederholt.

Hinweis: Um das Vier-Ohren-Modell der GFK in der Einzelarbeit fruchtbar nutzen zu können, ist es hilfreich, mit den GFK-Schritten für die Selbstempathie und die Empathie bereits vertraut zu sein. Diese Schritte können dann beim Bearbeiten von KV 33 immer wieder gedanklich durchlaufen werden. Ohne den Anspruch von Tiefgang eignet KV 33 sich, um das Vier-Ohren-Modell der GFK in der Gruppe (s. u.) vorzubereiten. An einem eigenen Beispiel erfassen die Schüler*innen bereits das Prinzip des Modells und können sich dann in der Gruppenübung ganz dem inhaltlichen Prozess widmen.

ÜBUNG 31 Vier-Ohren-Modell der GFK in der Gruppe

Zeitbedarf: pro Konflikt 10–15 Minuten
Material: KV 34 „Üben an Fallbeispielen zum Vier-Ohren-Modell der GFK" (S. 117), Download 5
Sozialform: Kleingruppen oder Plenum
Vorbereitung: Drucken Sie die Bodenanker aus Download 5 möglichst im A3-Format aus. Bereiten Sie die Lernumgebung wie auf S. 68 beschrieben vor.

Mit den Bodenankern (KV 34 bzw. Download 5) lässt sich das Vier-Ohren-Modell der GFK visualisieren. Um den Wechsel der Ohren zu erproben und ein späteres Anwenden des Modells in Kleingruppen ohne Begleitung einer Lehrkraft vorzubereiten, bietet sich die Übung mit spielerischem Charakter im Plenum an. Dazu können die Fallbeispiele (KV 34 unten) genutzt werden.

Hinweis: Sind in einem realen Konflikt beide Konfliktpartner*innen anwesend, eignet sich das Vier-Ohren-Modell der GFK nicht, vgl. *Vier-Ohren-Modell der GFK in Gruppen* (S. 62).

Eine Person zeigt sich mit einem Vorwurf, der an sie gerichtet wurde, und bekommt Einfühlung von der Klasse oder einer Gruppe. Sie selbst kann dem Prozess beobachtend beiwohnen oder sich ebenfalls auf die Bodenanker stellen. Eine zweite Person ist stellvertretend Absenderin des Vorwurfs und nimmt auf dem Stellvertreterstuhl Platz. Sie hat die Aufgabe, den Vorwurf im Laufe des Prozesses immer wieder auszusprechen, insbesondere wenn Pausen entstehen. Dabei kann zu Beginn der Ausdruck, mit dem der Vorwurf ursprünglich geäußert wurde (laut, leise, ironisch, zynisch, überheblich, verächtlich) rollenspielartig übernommen werden. Hier macht ein kurzer Abgleich mit dem*der Fallgeber*in Sinn. Im Verlauf des Prozesses darf sich der Ausdruck verändern. Die Veränderung räsoniert meist mit den gehörten Vier-Ohren-Vermutungen.

Am Boden liegen die Bodenanker in der Reihenfolge ❶ „Wolf nach außen" ❷ „Wolf nach innen" ❸ „Giraffe nach innen" und ❹ „Giraffe nach außen". Die Person, die Einfühlung bekommt, nennt den Vorwurf oder den Satz, der sie beschäftigt, und schildert knapp die zugehörige Situation, wenn möglich in Form einer Beobachtung (wertungsfrei, Ort, Zeit, wer war beteiligt). Die Gruppe versetzt sich in diese Situation und setzt der Reihe nach stellvertretend für den*die Fallgeber*in die vier Ohren auf.

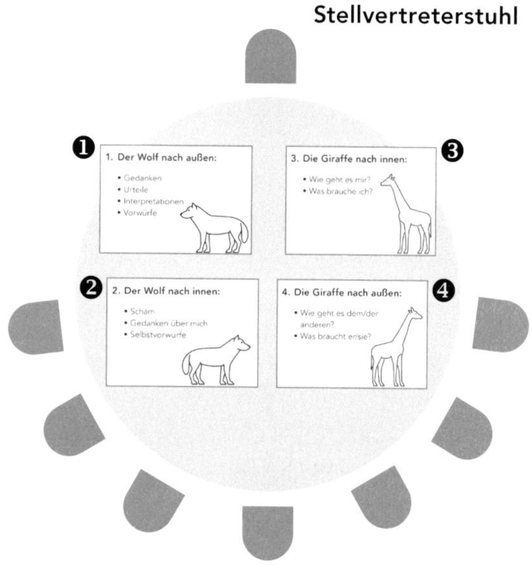

Alle beginnen beim Bodenanker ❶ „Wolf nach außen". Was könnte der*die Fallgeber*in dem*der Absender*in des Vorwurfes entgegenschleudern? Was denkt er*sie? Die Person, der eine „Wolf nach außen"-Äußerung einfällt, stellt sich auf den Bodenanker und spricht einen Gegenvorwurf, eine Rechtfertigung o. Ä. in Du-Form aus. Dabei ist es hilfreich, die Energie des jeweiligen Bodenankers rollenspielartig aufzugreifen. Beim „Wolf nach außen" also etwa Ärger, Wut, Unverständnis oder Enttäuschung. Dabei blickt der*die Sprechende die Person auf dem Stellvertreterstuhl an. Möglichst viele Schüler*innen schlüpfen in die Rolle „Wolf nach außen". Immer wenn eine Pause entsteht, wird der Vorwurf, ggf. auch mehrmals hintereinander, von dem*der Stellvertreter*in wiederholt.

Wenn alle „Wolf nach außen"-Impulse ausgesprochen wurden, setzen die Empathiegebenden die ❷ „Wolf nach innen"-Ohren auf. Wer spricht, stellt sich mit Blick zum Stellvertreterstuhl auf den Bodenanker. Der „Wolf nach innen" drückt Selbstvorwürfe, eigene Schuld und Scham aus. Die Sätze werden daher in der Ich-Form formuliert.

In gleicher Weise folgt die ❸ „Giraffe nach innen". Auch hier werden die Äußerungen in der Ich-Form gesprochen und drücken Gefühle („Wie fühle ich mich?") und Bedürfnisse („Was brauche ich?") aus.

Zum Schluss vollziehen die Empathiegebenden stellvertretend einen Perspektivwechsel und vermuten, wie sich der*die Absender*in des Vorwurfs fühlen könnte und welche Bedürfnisse möglicherweise hinter dem Vorwurf liegen. Die ❹ „Giraffe nach außen"-Äußerungen werden in Du-Form an den*die stellvertretende*n Absender*in gerichtet. Zum Abschluss bietet sich eine Reflexionsrunde an.

IMPULSFRAGEN FÜR DIE REFLEXIONSRUNDE:

An den*die Fallgeber*in

Wie fühlst du dich jetzt?
Wie fühlt sich der Vorwurf jetzt an?
Gab es Äußerungen, die zu dir gepasst haben?
Wie geht es dir, wenn du an die Absender*in denkst?
Gibt es Bitten, die du an dich selbst oder andere richten könntest?

?? **An den*die Stellvertreter*in**
Wie geht es dir jetzt?
Wie ging es dir in der Rolle?
Hat sich bei dir innerlich etwas durch das Gehörte verändert?

?? **An die Empathiegebenden**
Wie geht es euch jetzt?
Welche Ohren sind euch leicht-, welche eher schwergefallen? Woran könnte das liegen?

ÜBUNG 32 Mediation im Konflikt

Zeitbedarf: pro Konflikt mindestens 10 Minuten
Material: Download 6 und Download 7, alternativ Download 8, ggf. 2 Kegel
Sozialform: Plenum
Vorbereitung: Kopieren Sie Download 6 (ohne den 5. Schritt „Danke") und Download 7 in ausreichender Größe, sodass diese auf dem Boden liegend sichtbar sind (möglichst im A3-Format), oder lassen Sie Bodenmatten anfertigen (Download 8).

Besteht ein Konflikt zwischen zwei Personen und beide sind bereit, gemeinsam nach konstruktiven Lösungen zu suchen, eignet sich eine Mediation. Eine vermittelnde dritte Person unterstützt beide Seiten, sich in den GFK-Schritten authentisch auszudrücken und immer wieder von der Nebenstraße auf die GFK-Straße zurückzufinden. Diese vermittelnde Person ist allparteilich, d. h., sie bringt Empathie für beide Seiten auf, wechselt zwischen den Perspektiven beider Seiten hin und her und unterstützt die Konfliktpartner*innen in ihrem gegenseitigen Verständnis füreinander. Dabei fasst sie im Sinne des aktiven Zuhörens Äußerungen immer wieder zusammen. Außerdem fragt sie immer wieder bei der jeweiligen Gegenseite nach, wie es ihr mit dem Gehörten geht.

Zu Beginn des GFK-Lernweges kann es hilfreich sein, wenn die Lehrkraft die Mediationsrolle übernimmt und Konflikte immer wieder auch im Plenum geklärt werden. Auf diese Weise lernen alle mit und Schüler*innen können die Mediationsrolle zunehmend selbst übernehmen. Es befördert das Lernen, wenn in der Kreismitte die GFK-Schritte Beobachtung, Gefühl, Bedürfnis und Bitte (Download 6) und die Nebenstraße (Download 7) liegen. Während des Mediationsprozesses können Schüler*innen aus dem Plenum gebeten werden, jeweils für A und B einen Kegel auf den Schritten bzw. der Nebenstraße zu bewegen, um zu visualisieren, an welchem Punkt sich das Gespräch befindet.

Hinweis: Die Mediation im Plenum setzt das Einverständnis beider Seiten voraus, den Konflikt offen zu bearbeiten. Andernfalls bietet sich eine Mediation im geschützten kleinen Rahmen an, bei der nur die mediierende Person neben den Konfliktpartner*innen anwesend ist. Sobald Schüler*innen geübt sind, können sie die Mediationsrolle übernehmen.

Ablauf

1. Zu Beginn bittet der*die Mediator*in eine Seite, die Konfliktsituation als Beobachtung zu schildern, und stellt klar, dass die andere Seite im Anschluss ebenfalls gehört wird.

   An A: *„Bitte schildere die Situation, die zu eurem Konflikt geführt hat."*
   An B: *„Bitte höre erst zu, du bist dann ebenfalls dran. Auch wenn es dir vielleicht schwerfällt, bitte ich dich, nicht zu unterbrechen, den Kopf zu schütteln, usw."*

   Der*die Mediatorin fasst zusammen und übersetzt ggf. Bewertungen in Beobachtungen. Anschließend fragt er*sie bei der anderen Seite nach, ob sie die Beobachtungen ergänzen möchte.

   An B: *„Möchtest du das noch ergänzen oder aus deiner Sicht schildern?"*

   Der*die Mediator*in fasst beide Beobachtungen zu einer konsensfähigen Beobachtung, die als Basis für das nachfolgende Gespräch dient, zusammen.

   Jeweils an A und B: *„War das für dich so? Kannst du dieser Beobachtung zustimmen?"*

2. Der*Die Mediator*in fragt nun eine Seite nach Gefühlen, übersetzt Gedanken und Pseudogefühle und stellt ggf. weiter empathische Vermutungen an.

   An A: *„Wie hast du dich in der Situation gefühlt?"*
   „Wie geht es dir jetzt?"
   „Fühlst du dich vielleicht ..."

Hinweis: Verbindung zwischen den Konfliktpartner*innen entsteht, wenn sie voneinander authentisch erfahren, was der*die andere fühlt. Dabei kann, soll und darf gerne mehr als nur ein Satz gesprochen werden. Sind wir emotional beteiligt, ist es ganz normal, dass wir auch auf die Nebenstraße geraten. Der*die Mediator*in behält im Blick, welche Äußerungen für den*die andere*n Konfliktpartner*in auszuhalten sind. Hier ist immer wieder ein Abwägen zwischen dem lebendigen Ausdruck der sprechenden und dem Schutz der hörenden Seite gefragt. Der*die Moderator*in übersetzt und spiegelt immer wieder: „Du klingst für mich traurig, erschöpft ... Ist das so?"

3. Der*die Mediator*in unterstützt nun weiterhin dieselbe Seite, die eigenen Bedürfnisse in Bezug auf die Konfliktsituation zu klären. Da Gefühle und Bedürfnisse in engem Zusammenhang stehen, ist es sinnvoll, die Schritte 2 und 3 unmittelbar nacheinander zu erhellen, bevor auch die andere Seite wieder zu Wort kommt.

   An A: *„Du hast gesagt, du fühlst dich ... Was könntest du brauchen? Was könnte dir helfen?"*
   „Hast du eine Idee, was du in der Situation gebraucht hättest?"
   „Was brauchst du jetzt gerade?"

Der*die Mediator*in übersetzt Strategien in Bedürfnisse oder hilft der sprechenden Seite, dies selbst zu tun.

„Du hast schon eine konkrete Idee, was dir helfen könnte. Lass uns erst noch einmal schauen, welches Bedürfnis du dir mit dieser Strategie erfüllen möchtest."
„Könnte es sein, dass du dir mit dieser Strategie … erfüllen möchtest?"

Der*die Mediator*in spiegelt die Bedürfnisse zusammenfassend.

4. Nun bekommt die andere Seite Einfühlung bei den Schritten 2 und 3.

An B: *„Ich würde nun gerne auch von B hören, wie es ihr*ihm geht und was er*sie braucht."*

5. Wenn auch B in oben beschriebener Weise Gefühle und Bedürfnisse klären konnte, bahnt der*die Mediator*in gegenseitiges Verständnis an.

An A und B: *„Was löst das in dir aus, wenn du hörst, wie sich A/B fühlt?"*
„Wie geht es dir, wenn du hörst, was A/B braucht?"

Diese Fragen können mehrmals gestellt werden. Die Antworten brauchen oftmals erneut eine Übersetzung in Form von Schritt 2 und 3.

6. Wenn sich gegenseitiges Verständnis zeigt, ist der Weg geebnet, gemeinsame Lösungen zu entwerfen.
Jeweils an A und B: *„Hast du eine konkrete Idee, was du selbst oder A/B tun/lassen könnte?"*
„Hast du eine Idee, welche gemeinsame Lösung ihr finden könntet?"

Über die Ideen, die durchaus in unterschiedliche Richtungen weisen können, kann dann das Gespräch weitergehen. Hier ist ggf. eine Übersetzung von Forderungen in Bitten nötig.

„Wie könnte A/B die Bitte so formulieren, dass du darauf eingehen kannst?"
„Was könnte dir helfen?"

Sollten sich beide Seiten nur wenig oder (noch) kein Verständnis entgegenbringen können, ist auch eine Bitte vonseiten des*der Mediierenden möglich.

An A und B: *„Ich bitte euch, einen Abschluss zu finden, mit dem wir auseinandergehen können."* (z. B. Vereinbarung eines weiteren Termins; Wunsch, Gehörtes und Gesagtes zu reflektieren und zunächst Abstand zu halten; Vereinbarung, nicht „schlecht" über den*die Konfliktpartner*in zu sprechen; Dank für Austausch; Bekräftigung, weiterhin nach Lösungen zu suchen).

9. Modul

Danke sagen – Wertschätzung ausdrücken

Ziele:
- ➡ die GFK-Schritte zur Wertschätzung kennenlernen
- ➡ Wertschätzung von Lob unterscheiden
- ➡ konkrete Wertschätzung formulieren und ausdrücken

INFO

Wertschätzung

- Wenn wir einer anderen Person mitteilen möchten, dass sie etwas getan hat, was uns gefreut hat und wofür wir dankbar sind, formulieren wir in den GFK-Schritten Wertschätzung.
- Wir teilen mit, welches Gefühl ihre Handlung oder Nichthandlung bei uns ausgelöst hat und welches Bedürfnis sich dadurch erfüllt hat.

➡ **Sprachmuster: Als ich gesehen/gehört habe ..., habe ich mich gefreut/war ich erleichtert/berührt/dankbar ... Das hat mein Bedürfnis nach ... erfüllt. Ich danke dir.**

- Wir unterscheiden Lob und Wertschätzung.
  - **Lob:** Mit einem Lob bewerten wir eine andere Person oder deren Handlungen. Wir erheben uns über andere und erlauben uns, ein Urteil über sie zu fällen. Durch Lob entsteht ein Machtgefälle. Die andere Person ist von unserem wohlwollenden Urteil abhängig.
  - **Wertschätzung:** Mit einer Wertschätzung bringen wir zum Ausdruck, mit welcher konkreten Handlung oder Nichthandlung jemand zur Bereicherung unseres Lebens beigetragen hat, und bedanken uns dafür.

ÜBUNG 33 Lob reflektieren – Wertschätzung kennenlernen

Zeitbedarf: 20 Minuten
Material: optional Download 6 oder Download 8
Sozialform: Plenum
Vorbereitung: Wenn Sie auf Download 6 zurückgreifen, kopieren Sie diesen in ausreichender Größe, sodass die Schritte auf dem Boden liegend sichtbar sind (möglichst im A3-Format), oder lassen Sie Bodenmatten anfertigen (Download 8).

Werden wir gelobt, beurteilt uns eine andere Person. Durch Lob entsteht ein Abhängigkeits- und Machtgefälle. Wurden wir gelobt, wünschen wir uns meist mehr davon und bemühen uns, weiterhin lobenswertes Verhalten zu zeigen. Bleibt das Lob aus, sind wir enttäuscht oder verunsichert. Auch die Möglichkeit, dass der*die Absender*in statt eines Lobs Missfallen ausdrücken könnte, kann Verunsicherung hervorrufen. Wir richten den Blick nach außen und verlieren dabei die Verbindung zu uns und unseren Bedürfnissen. Auch die Verbindung zwischen Absender*in und Empfänger*in leidet. Ein Lob hat nur geringen Informationswert und lässt daher

viel Raum für Spekulationen. Sagt der*die Absenderin das nur, weil er*sie nett sein möchte? Stecken hinter dem Lob weitere Erwartungen? Kann ich dem*der Absender*in trauen? Es fällt uns daher manchmal schwer, ein Lob anzunehmen oder uns darüber zu freuen. Bisweilen führt Lob sogar zu Abwehr, mit der wir uns reflexartig aus der Abhängigkeit befreien. Dann fallen Sätze wie: „Das hätte doch jede*r gemacht/gekonnt.", „Nicht der Rede wert." Darüber hinaus schätzen wir unser Handeln oder unsere Leistung selbst möglicherweise ganz anders ein und fühlen uns durch ein Lob gar nicht oder falsch gesehen. Auch dies kann die Verbindung zum*zur Lobenden trüben. Bei
einer Wertschätzung im Sinne der GFK drücken wir aus, was eine andere Person getan oder nicht getan hat (Beobachtung), welche Gefühle dies in uns ausgelöst hat und welche Bedürfnisse sich für uns erfüllt haben. Die Angesprochenen sind frei, sich mit der Wertschätzung zu verbinden.

Bevor die Schüler*innen in den GFK-Schritten Wertschätzung formulieren, regen Sie bitte eine Diskussion im Plenum zum Thema „Lob und dessen Wirkung" an. Je nach Jahrgangsstufe und Diskussionsfreudigkeit der Klasse können Sie die Plenumsrunde auch mit der These „Lob ist wichtig!" eröffnen. In der Regel werden zunächst die meisten Schüler*innen dieser These zustimmen. Bringen Sie in diesem Fall selbst Impulse aus der obigen Infobox ein. Stellen Sie im Anschluss die GFK-Schritte zur Wertschätzung vor. Dazu bietet es sich an, die GFK-Schritte auszulegen und über den Bitte-Schritt den Danke-Schritt zu legen (Download 6). So wird deutlich, dass die GFK nicht nur zur Lösung von Konflikten, sondern ebenso zur Mitteilung von Dankbarkeit und Wertschätzung einen Weg bietet.

IMPULSFRAGEN FÜR DIE PLENUMSRUNDE:

Ist Lob wichtig?
Was bewirkt Lob?
Erinnerst du dich an ein Lob, das dich genervt oder geärgert hat?
Warum war das vielleicht so?
Hast du schon einmal erlebt, dass jemand ein Lob nicht annehmen konnte oder wollte?

Hinweis: Es gibt natürlich Situationen, in denen wir ein „Wow, toll!" o. Ä. äußern oder wir ein Lob vorbehaltlos hören und annehmen können. Dies ist dann der Fall, wenn echte Gefühle, Dankbarkeit, Freude oder Erleichterung mitschwingen und es uns gelingt, die Haltung hinter den Worten zu transportieren bzw. wahrzunehmen.

ÜBUNG 34 Märchen von der Glücksbohne

Zeitbedarf: 30 Minuten
Material: KV 35 „Das Märchen von den Glücksbohnen" (S. 118), optional ein Päckchen rote Bohnen
Sozialform: Plenum, Einzelarbeit
Vorbereitung: Kopieren Sie KV 35 in Klassenstärke.

Einige der folgenden Impulsfragen können die Auseinandersetzung mit dem Thema „Dankbarkeit" eröffnen und einen ersten Austausch anregen.

IMPULSFRAGEN:

Wann warst du zum letzten Mal für etwas dankbar?
Wie fühlt sich Dankbarkeit in deinem Körper an?
Wofür bist du in deinem Leben dankbar?
Fällt es dir leichter, Kritik oder Dankbarkeit auszudrücken? Woran könnte das liegen?
Wann hat sich jemand bei dir zuletzt für etwas bedankt? Wie ging es dir damit?
Wofür wünschst du dir Dankbarkeit?

Im Anschluss lesen die Schüler*innen den kurzen Text (KV 35) und beantworten die Fragen der Aufgaben in Einzelarbeit. Mithilfe der Infobox auf der KV kann der Unterschied zwischen Lob und Wertschätzung beleuchtet werden.

TIPP: Regen Sie die Schüler*innen an, in nächster Zeit den Blick ganz bewusst darauf zu lenken, wofür sie Dankbarkeit empfinden. Teilen Sie als Erinnerungsimpuls an die Schüler*innen jeweils ein paar Bohnen aus. Manche werden die Bohnen sicherlich einige Zeit mit sich tragen und sich an die Geschichte erinnern.

Hinweis: Seit einigen Jahren wird wissenschaftlich erforscht, wie sich das Empfinden von Dankbarkeit auf unsere Gesundheit, die Reduktion von Stress und unseren Optimismus auswirkt. Die Untersuchungen legen nahe, dass es sich lohnt, die Welt immer wieder ganz bewusst durch eine Dankbarkeitsbrille zu betrachten.

ÜBUNG 35 Wertschätzung ausdrücken

Zeitbedarf: 10 Minuten
Material: KV 36 „Meine Glücksbohne – Wertschätzung und Selbstwertschätzung" (S. 119)
Sozialform: Einzelarbeit
Vorbereitung: Kopieren Sie KV 36 in Klassenstärke.

Bitten Sie die Schüler*innen, sich an eine konkrete Situation zu erinnern, in der sie sich gefreut haben, erleichtert oder dankbar waren. Dann bitten Sie sie, ihre Dankbarkeit in den GFK-Schritten zur Wertschätzung (KV 36) zu notieren. Eine verbindende Atmosphäre kann in der Klasse gestärkt werden, wenn sich Wertschätzung auf Personen aus der Gemeinschaft bezieht und im Plenum abschließend auch tatsächlich ausgesprochen wird. Zusätzlich können die Schüler*innen die Schritte zur Selbstwertschätzung bearbeiten.

Nun wünschen wir Ihnen Wirksamkeit, Freude, Verbindung und Leichtigkeit bei der Umsetzung der GFK an Ihrer Schule. Im Rahmen einer Fortbildung unterstützen wir Sie dabei gerne.

Gefühle-Wortschatz

Echte Gefühle

Hier übernehme ich die Verantwortung.

Echte Gefühle bei erfüllten Bedürfnissen:

angenehm angeregt aufgeschlossen aufmerksam ausgeruht begeistert berührt beschwingt	bewegt dankbar ehrfürchtig empfindsam engagiert erfüllt fasziniert froh/fröhlich	gelassen gelöst gespannt glücklich heil heiter hoffnungsvoll inspiriert	klar kraftvoll kreativ kribbelig lebendig lustig motiviert mutig	neugierig offen ruhig sanft schwungvoll sicher stark staunend tatkräftig	vergnügt vertrauensvoll verzaubert wach wohlig zart/zärtlich zentriert zufrieden zuversichtlich

Echte Gefühle bei unerfüllten Bedürfnissen:

allein angespannt angewidert antriebslos ausgelaugt bedrückt bestürzt betroffen betrübt	deprimiert durcheinander einsam erschöpft erschüttert fassungslos frustriert gelähmt gelangweilt	hilflos hoffnungslos irritiert kaputt klein kraftlos lustlos melancholisch mutlos ohnmächtig	rastlos ruhelos schüchtern schwach schwer unbehaglich unentschlossen ungeduldig unglücklich unruhig	unter Druck unzufrieden verlegen verletzlich verletzt verloren verspannt zerrissen zwiespältig

Pseudogefühle

Hier schreibe ich einer Person oder Situation die Verantwortung für mein Gefühl zu. Ich interpretiere oder diagnostiziere.

abgelehnt abgewertet abgewiesen allein gelassen angegriffen ängstlich ärgerlich ausgelacht ausgenutzt bedrängt	bedroht belehrt beleidigt belogen bemuttert benutzt bevormundet bloßgestellt dominiert eingeschüchtert	empört erniedrigt fallengelassen falsch verstanden getäuscht gezwungen hintergangen ignoriert im Stich gelassen in die Enge ge- trieben	lächerlich ge- macht manipuliert missachtet missbraucht missverstanden nicht gehört nicht gesehen nicht gewollt provoziert überfordert	übergangen unerwünscht unter Druck ge- setzt unterdrückt verarscht verlassen vernachlässigt verurteilt wütend zurückgewiesen

Bedürfnis-Wortschatz

Bedürfnisse sind abstrakt sowie unabhängig von Ort und Zeit. Ihre Erfüllung ist nicht an die Mitwirkung bestimmter Personen gebunden und es gibt zahlreiche Möglichkeiten, ein Bedürfnis zu erfüllen.

Abenteuer
Abwechslung
Achtsamkeit
Akzeptanz
Anerkennung
Annahme
Anregung
Ästhetik
Aufmerksamkeit
Aufrichtigkeit
Ausdruck
Ausgeglichenheit
Ausgewogenheit
Austausch
Authentizität
Autonomie
Balance
Beitragen
Berührung
Beständigkeit
Bewegung
Bewusstsein
Dankbarkeit
Effizienz
Ehrlichkeit
Einbezogensein
Einfachheit
Einfühlsamkeit
Empathie
Entdecken
Entfaltung
Entspannung
Entwicklung
Erfolg
Erholung
Feiern
Freiheit
Freude
Freundschaft
(innerer) Frieden
Ganzheit
Geben
Geborgenheit
Gehörtwerden
Gemeinschaft
Gesehenwerden
Gesundheit
Gleichheit
Glück
Harmonie
Heilung
Herausforderung
Hilfe
Hoffnung
Humor
Inspiration
Integrität
Intimität
Klarheit
Kommunikation
Kontakt
Kontinuität
Kraft
Kreativität
Leichtigkeit
Lernen
Liebe
Loslassen
Mitgefühl
Nähe
Nahrung
Offenheit
Ordnung
Orientierung
Platz
Präsenz
Respekt
Rücksicht
Ruhe
Schaffen
Schlaf
Schönheit
Schutz
Sein
Sexualität
Sicherheit
Sinn
Spaß
Spiel
Spiritualität
Stabilität
Stille
Struktur
Tiefe
Toleranz
Transparenz
Trauer
Trost
Unabhängigkeit
Unterstützung
Verantwortung
Verbindlichkeit
Verbindung
Verbundenheit
Verständnis
Verstehen
Vertrauen
Vitalität
Wachstum
Wahrgenommenwerden
Wärme
Wertschätzung
Wirksamkeit
Wissen
Zärtlichkeit
Zugehörigkeit
Zusammenarbeit

Überraschungsbedürfnis (1/2)

Bitte schneiden Sie die Kärtchen aus und bewahren Sie diese in einem schönen Gefäß auf. Ziehen Sie bitte jeden Tag ein neues Bedürfnis-Kärtchen. Lassen Sie sich überraschen, in welcher Form Ihnen das Bedürfnis im Tagesverlauf begegnet.

Autonomie	**Anerkennung**	**Ästhetik**
Austausch	**Authentizität**	**Akzeptanz**
Abenteuer	**Bewegung**	**Beitragen**
Erholung	**Ehrlichkeit**	**Effektivität**
Empathie	**Entlastung**	**Entspannung**
Freundschaft	**Freiheit**	**Feiern**
innerer Frieden	**Freude**	**Geborgenheit**
Gesundheit	**Gelassenheit**	**Heilung**
Humor	**Intimität**	**Inspiration**
Klarheit	**Kraft**	**Kreativität**
Liebe	**Leichtigkeit**	**Lernen**

Überraschungsbedürfnis (2/2)

Mut	Ordnung	Offenheit
Platz	Rücksicht	Respekt
Ruhe	Sicherheit	Spiel
Schutz	Struktur	Sinn
Teilen	Tiefe	Trauern
Transparenz	Unterstützung	Vertrauen
Verbindung	Wirksamkeit	Wachstum
Wertschätzung	Zärtlichkeit	Zuversicht
Zusammenarbeit		

Die Schritte im Konflikt: Selbstempathie

Die GFK-Schritte können die Vorbereitung auf ein herausforderndes Gespräch erleichtern. Ein „Umweg" über Pseudogefühle und damit einhergehende Gedanken und Urteile kann helfen, tiefer an echte Gefühle und Bedürfnisse heranzukommen. Hilfreich kann es sein, eine vertraute Person um Unterstützung zu bitten.

Beobachtung Was habe ich gesehen? Was habe ich gehört? Wann war das? Wo war das? Wer war eventuell beteiligt?	
Urteile/Gedanken/ Bewertungen Welche Urteile/Gedanken/ Bewertungen hatte oder habe ich?	
Pseudogefühl **➡ Bedürfnisse dahinter** Wie habe ich mich in der Situation gefühlt?	
Gefühl Welche echten Gefühle habe ich jetzt in Bezug auf die Situation?	
Bedürfnis Welche Bedürfnisse hatte/habe ich?	
Bitte Welche Bitte an mich selbst und/oder andere habe ich?	

Die Schritte im Konflikt: Empathie

Diese Fragen helfen, sich schon vor einem Gespräch in die andere Person einzufühlen. Unsere Antworten sind dabei Vermutungen.

Beobachtung Was hat die andere Person gesehen? Was hat die andere Person gehört? Wann war das? Wo war das? Wer war eventuell beteiligt?	
Gefühl Wie ging es der anderen Person vielleicht in der Situation? Wie geht es ihr in Bezug auf die Situation vielleicht jetzt?	
Bedürfnis Welche Bedürfnisse könnte die andere Person haben?	
Bitte Welche Bitte könnte die andere Person an sich, andere oder mich stellen?	

siehe dazu auch:
Download 1

Gewaltsituationen

Aufgabe:
Was ist auf diesen Fotos zu sehen? Was haben sie gemeinsam?
Diskutiert im Plenum.

© Lopolo – Shutterstock.com

© Monkey Business Images – Shutterstock.com

© adriano.cz – Shutterstock.com

© Gorb Andrii – Shutterstock.com

ARBEITSBLATT

7 Vorlage für die Notiz eigener Gewalterfahrungen

Aufgabe:
Notiere, in welchen Situationen du Gewalt selbst erlebt oder beobachtet hast. Du kannst deine Handschrift für diese Notizen bewusst etwas verändern (zum Beispiel nur Großbuchstaben, Buchstaben nach links oder rechts kippen …).

Diese Erfahrungen habe ich im Familien-, Freundes- und Bekanntenkreis gemacht:

Diese Erfahrungen habe ich in der Schule gemacht:

Diese Erfahrungen habe ich an sonstigen Orten gemacht:

Wo fängt für dich Gewalt an?

INFO

Gewalt kann sich gegen Menschen, Tiere oder Dinge richten. Durch den Einsatz von Gewalt wird ihnen absichtsvoll Schaden zugefügt. Gewalt kann körperlich oder psychisch ausgeübt bzw. erlitten werden.

Aufgaben:

1. Bitte entscheide für dich und kreuze an: Handelt es sich deiner Meinung nach hier um Gewalt oder nicht?
2. Tauscht euch dann bitte in Kleingruppen oder im Plenum aus. Gibt es unterschiedliche Ansichten?

	keine Gewalt	**Gewalt**
Lotte wirft die Turnschuhe von Kenan in den Papierkorb.		
Simon boxt seinen Freund Jan anerkennend auf den Arm, als der von einem Mädchen angelächelt wird.		
An der Bushaltestelle drängeln Schülerinnen und Schüler der 7. Klasse jüngere Kinder zur Seite.		
Martha kann Ella nicht leiden und schreibt in die Klassengruppe: „Ella steht auf Max."		
Der Vater hält sein Kind am Arm fest, als es auf die Straße laufen will, ohne sich umzuschauen. Dabei kratzt er das Kind.		
Der Trainer sagt zu Paul: „Wenn du dich nicht anstrengst, werfe ich dich aus der Mannschaft."		
Malte hat in Englisch schon wieder eine Fünf geschrieben. Dafür bekommt er am Wochenende Handyverbot.		
Bei einer genehmigten Demonstration wirft ein Teilnehmer einen Stein auf eine Polizistin und trifft sie am Helm.		
Lia und Caro zicken sich an. Lia tritt Caro ans Bein und geht weg.		
Farid äußert sich vor der Klasse. Toni ruft: „Lern du erst mal Deutsch."		
Eine Firma leitet giftige Abwässer in einen Fluss.		
Jeva hat neue Schuhe. Drei Mädchen aus der Klasse verdrehen die Augen.		
Mara zischt: „Verpisst euch."		
Sophia geht an Mike vorbei und zeigt ihm den Mittelfinger.		
Klimaaktivistinnen blockieren die Zufahrt zu einer Ölraffinerie.		
Alex geht an Theos Tisch vorbei und wirft dessen Sachen zu Boden. Dabei ruft er provozierend: „Ups!"		
Alex sticht daraufhin ein Loch in Theos Fahrradreifen.		
Nelly sagt zu John: „Du bist und bleibst ein Loser."		
Andere aus der Klasse johlen und klatschen, als sie das hören.		

Marshall B. Rosenberg – „Erfinder" der Gewaltfreien Kommunikation

Das Konzept der Gewaltfreien Kommunikation (GFK) geht auf den amerikanischen Psychologen Marshall Bertram Rosenberg zurück. Nach seiner Promotion im Jahr 1961 trampte er durch die USA und gab Workshops. Dabei entwickelte Rosenberg ein einfaches Konzept, das Menschen befähigt, konstruktiv für ihre Bedürfnisse einzutreten und Entscheidungen zu treffen, die einem erfüllten Leben dienen, sich gewaltfrei für sozialen Wandel einzusetzen und im Konfliktfall tragfähige Lösungen für alle Beteiligten zu finden.
In den 1980er-Jahren erschien das Buch „ A Model for Nonviolent Communication", das 2001 mit dem Titel „Gewaltfreie Kommunikation: Eine Sprache des Lebens" in Deutschland veröffentlicht wurde.

Sein eigenes Interesse daran, verständnisvoll und achtsam zu kommunizieren, wird oft auf negative Erfahrungen aus seiner Kindheit und Jugend zurückgeführt. Als Achtjähriger lebte Rosenberg 1943 mit seinen Eltern in einem afroamerikanischen Viertel in Detroit, Michigan. Im Juni dieses Jahres erlebte er sogenannte „Rassenunruhen" mit. Die Straßenkämpfe dauerten eine Woche und forderten 34 Todesopfer; 700 Personen wurden verletzt.

Rosenberg selbst war aufgrund seines jüdischen Nachnamens der Gewalt von Mitschülern ausgesetzt. Seine Biografie berichtet davon, dass er fast täglich verprügelt wurde. Von seinem Vater, den Rosenberg als „emotionslos" beschreibt, konnte er keinen Beistand erwarten. Seine Mutter riet ihm: „You got to hit them first" *(dt.: Du musst zuerst zuschlagen.)* Von der Schule gelangweilt, erkämpfte sich Rosenberg als Jugendlicher im wahrsten Sinne einen Ruf als Straßenschläger.

Aber es gab auch andere Einflüsse: Seinen Onkel erlebte Rosenberg als besonders mitfühlend. Rosenberg beobachtete, wie er seinen Mitmenschen stets positiv begegnete und optimistisch war. Seine Erfahrungen mit Gewalt, die Gegensätze in seiner eigenen Familie und seine Beobachtungen in der Gesellschaft mündeten für Rosenberg später in Fragen, die ihn zur Entwicklung der Gewaltfreien Kommunikation führten: *Warum begegnen sich Menschen mit Gewalt? Wie entsteht Gewalttätigkeit? Wie bleiben manche Menschen trotz schwierigster Lebenssituationen einfühlsam? Was begünstigt, dass wir uns im Konfliktfall eher für Empathie als für Gewalt entscheiden?*

Vorwürfe für die Paararbeit

Du hörst mir nie richtig zu.

Du verträgst einfach keine Kritik.

Du glaubst immer, dass du superschlau bist.

Du hast immer eine andere Ausrede.

Du hältst dich immer aus allem raus.

Auf dich kann man sich nie verlassen.

Wenn man dich braucht, hast du nie Zeit.

Wann setzt du dich schon mal für andere ein?

Dir geht es doch immer nur um dich selbst.

Du bist ständig beleidigt.

INFOBLATT

11 Giraffen- und Wolfssprache

Wolf nach außen

Du denkst über andere:

- ➡ Du bist schlecht.
- ➡ Du bist falsch.
- ➡ Du bist schuld.
- ➡ Du solltest dich schämen.

Wolf nach innen

Du denkst über dich:

- ➡ Ich bin schlecht.
- ➡ Ich bin falsch.
- ➡ Ich bin schuld.
- ➡ Ich schäme mich.

Du benutzt: Vorwürfe, Gegenvorwürfe, Beschuldigungen, Rechtfertigungen, Zweifel, Leugnungen, Beleidigungen, Beschämungen, Moralisierungen, Drohungen, Vergleiche

Giraffe nach innen

Du fragst dich selbst und formulierst:

- ➡ Wie fühle ich mich?
- ➡ Ich fühle mich …
- ➡ Was brauche ich?
- ➡ Ich brauche …

Giraffe nach außen

Du fragst andere:

- ➡ Wie fühlst du dich?
- ➡ Fühlst du dich … ?
- ➡ Was brauchst du?
- ➡ Brauchst du … ?

Du benutzt die vier Schritte der Giraffensprachen (GFK):

1. Beobachtung
2. Gefühl
3. Bedürfnis
4. Bitte

Wer spricht? Giraffe oder Wolf?

INFO

1. Wolf nach außen: Du bist schuld. Du bist falsch.
2. Wolf nach innen: Ich bin schuld. Ich bin falsch.
3. Giraffe nach innen: Wie geht es mir? Was brauche ich?
4. Giraffe nach außen: Wie geht es dir? Was brauchst du?

Aufgabe:
Wer spricht hier? Kreuze an.

	Wolf nach		Giraffe nach	
	außen	innen	innen	außen
Du brauchst ständig Aufmerksamkeit.				
Ich habe einfach zu wenig Selbstvertrauen.				
Könnte es sein, dass du Ruhe brauchst?				
Ihr spinnt doch!				
Ich merke, dass mich das verletzt. Ich wünsche mir Verständnis.				
Ich kann es euch doch sowieso nicht recht machen.				
Herr Wunsch hört uns nie zu.				
Ich bin froh, dass Mara zum Ausflug mitkommt.				
Du wirkst auf mich nachdenklich. Willst du reden?				
Ich muss mich bei Suri entschuldigen.				
Du hast dich nicht unter Kontrolle.				
Ich kann machen, was ich will, ich kapiere es einfach nicht.				
Rücksicht ist wohl ein Fremdwort für dich?				
Das hätte ich so nicht sagen dürfen.				
Bist du erschöpft und brauchst eine Pause?				
Ich sitze seit zwei Stunden an dieser Aufgabe und bin frustriert.				
Fühlst du dich unter Druck?				
Ich sollte einfach mehr lernen.				
Manche Dinge checkst du einfach nicht.				
Selma schaut irgendwie verzweifelt. Vielleicht braucht sie Hilfe.				

13 Beobachtungen von Bewertungen unterscheiden

Beobachtungen:

Dein Hund bellt.
Selma hat niemanden aus der Klasse zu ihrer Party eingeladen.
Omar hat gestern gesagt, dass Herr Freitag unzuverlässig ist.
Lutz fehlt in diesem Monat das dritte Mal beim Handballtraining.

Bewertungen:

Dein Hund ist aggressiv.
Selma hält sich für etwas Besseres.
Omar mault ständig rum.
Wenn es anstrengend wird, fehlt Lutz beim Handballtraining.

Beobachtung oder Bewertung?

INFO

Beobachtung: Eine Beobachtung mache ich mit den Sinnen. Eine Kamera kann sie einfangen.

Bewertung: Ich habe Gedanken, Interpretationen oder Urteile im Kopf.

Aufgaben:

1. Bewertung oder Beobachtung? Kreuze an.

2. Besprecht eure Einschätzungen in der Klasse.

	Bewertung	Beobachtung
Es regnet.		
Annette beteiligt sich nie beim Aufräumen.		
Amer ist sehr höflich.		
Lea hat keine Lust auf die Diskussion.		
Michael hält Anton die Tür auf.		
Maximilian hält sich für etwas Besseres.		
Frau Hofmann bewertet Referate ungerecht.		
Im Zimmer ist ein höllischer Lärm.		
Mit Simone kann man gut arbeiten.		
Johann ist schwerer als Alex.		
Auf Sarah kann man sich verlassen.		
Ich habe mein Heft zu Hause liegen lassen.		
Lutz geht in der Mittagspause nicht mit den anderen in die Mensa.		
Die anderen sind mit meinen Vorschlägen nie zufrieden.		
Mit Leo kann man nicht sprechen.		
Sara sagte mir, dass mir der neue Pulli nicht steht.		
Luise isst kein Fleisch.		
Ich bin vergesslich.		
Anna ist schon wieder beleidigt.		
Farid hat nichts gelernt.		

3. Notiere in Einzelarbeit eine Bewertung, die andere über dich äußern. Wie fühlst du dich, wenn andere dich so bewerten?

15 Hinter Bewertungen blicken

INFO

Eine Beobachtung ist konkret.

➡ Sie bezieht sich auf eine genaue Situation, Handlung oder Aussage.
➡ Sie lässt sich zeitlich und räumlich beschreiben.

Eine Beobachtung ist bewertungsfrei.

➡ Sie enthält keine Pauschalisierungen (immer, nie, oft, jedes Mal usw.).
➡ Die Chance wächst, dass beide Seiten einer Beobachtung zustimmen können.

Aufgaben:

1. Suche dir einen der Vorwürfe a) bis d) aus und notiere dazu mindestens drei mögliche Beobachtungen.

Beispiel: **Juri nervt!**

➡ Wir waren gestern um fünf Uhr verabredet. Drei Minuten nach fünf hat er eine Nachricht geschickt und geschrieben: „Hab doch keine Zeit."

➡ Gestern in der Pause wollte ich mich allein mit Adrian unterhalten. Juri blieb die ganze Pause über bei uns stehen.

➡ Juri hat vor den Klassenarbeiten in Mathe, Deutsch und Englisch gesagt: „Ich kann gar nichts." In allen drei Arbeiten hatte er eine Eins.

a) Alex ist ständig mies drauf.

b) Mit Tamara sind Gruppenarbeiten immer anstrengend.

c) Adrian hält sich für etwas Besseres.

d) Olga flippt schon bei der kleinsten Kritik total aus.

....

....

....

....

....

....

....

2. Arbeitet in Paaren zusammen: Stellt euch eure Beobachtungen gegenseitig vor. Lässt sich manches noch konkreter oder noch bewertungsfreier sagen? Unterstützt euch gegenseitig.

siehe dazu auch:
Download 2

Gefühle

sauer, erschrocken, genervt, aufgebracht, wütend, empört …

glücklich, fröhlich, heiter …

nachdenklich, erschöpft, konzentriert, hoffnungslos, deprimiert, verzweifelt …

traurig, einsam, krank, allein …

liebevoll, verliebt, zärtlich, ausgelassen, glücklich, verspielt …

erschrocken, ängstlich, aufgeregt, entsetzt, erstarrt …

unsicher, irritiert, zweifelnd, hilflos, orientierungslos …

entspannt, verträumt, erholt, schläfrig, zufrieden …

ARBEITSBLATT

17

Abc der Gefühle

Aufgaben:

1. Notiert zu jedem Buchstaben mindestens ein Adjektiv, das ein Gefühl beschreibt.

a: ....

ä: ....

b: ....

c: ....

d: ....

e: ....

f: ....

g: ....

h: ....

i: ....

j: ....

k: ....

l: ....

m: ....

n: ....

o: ....

p: ....

qu: ....

r: ....

s: ....

t: ....

u: ....

ü: ....

v: ....

w: ....

x, y, z: ....

2. Nach der Arbeit mit Pseudogefühlen: Kreist echte Gefühle grün und Pseudogefühle orange ein.

Über Gefühle sprechen

Was müsste sich in der Klasse/Schule, dem Freundeskreis, der Familie, der Gesellschaft verändern, damit Gefühle mehr Aufmerksamkeit bekommen?

In welchen Situationen zeigst du deine Gefühle manchmal lieber nicht? Warum? Was könnte dir helfen (Gesten oder Verhalten anderer, Sätze ...), deine Gefühle zu äußern oder zu zeigen?

Über welche Gefühle fällt es dir leicht, zu sprechen oder sie zu zeigen? Über welche Gefühle fällt es dir schwer, zu sprechen oder sie zu zeigen?

Mit wem sprichst du am häufigsten über Gefühle und darüber, wie es dir geht? Gibt es Menschen, mit denen du gerne offener über deine Gefühle sprechen können würdest? Was hindert dich daran?

Gibt es Gefühle, die du schwer aushalten kannst, wenn sie andere Menschen zeigen?
Welche Gefühle sind das?
Warum fällt dir das vielleicht schwer?
Welche Gedanken hast du dann über dich und über die andere Person?

19 Echte Gefühle (1/3)

allein	angespannt	ausgeruht
antriebslos	ausgelaugt	berührt
betrübt	begeistert	beschwingt
bedrückt	dankbar	deprimiert
durcheinander	empfindsam	erfüllt
erschüttert	erschöpft	erleichtert
fassungslos	frustriert	fasziniert

Echte Gefühle (2/3)

froh	glücklich	gespannt
gelähmt	gelangweilt	gelassen
heiter	hoffnungslos	hilflos
irritiert	klein	klar
kraftvoll	kraftlos	lustlos
mutlos	motiviert	neugierig
ohnmächtig	ratlos	ruhig

19

Echte Gefühle (3/3)

ruhelos	sicher	schüchtern
schwach	schwer	verzaubert
zufrieden	zuversichtlich	unzufrieden
unglücklich	verletzlich	verloren
wach	müde	zerrissen

Pseudogefühle (1/2)

abgelehnt	alleingelassen	angegriffen
ausgelacht	ausgenutzt	bemuttert
bevormundet	bloßgestellt	erniedrigt
eingeschüchtert	fallengelassen	hintergangen
im Stich gelassen	ignoriert	in die Enge getrieben

20 Pseudogefühle (2/2)

lächerlich gemacht	manipuliert	missbraucht
nicht gewollt	provoziert	übergangen
verarscht	vernachlässigt	verurteilt
wütend	zurückgewiesen	missverstanden
unerwünscht	unter Druck gesetzt	unterdrückt

ARBEITSBLATT

Pseudogefühle verwandeln

INFO

Gefühl: Ich bin für mein Gefühl verantwortlich.

Pseudogefühl: Ich mache eine andere Person/eine Situation für mein Gefühl verantwortlich.

Aufgaben:

1. Rufe dir eine Situation in Erinnerung, in der ein Pseudogefühl in dir lebendig war, und notiere die Antworten auf die Fragen 1–3 auf dem Arbeitsblatt.
2. Arbeitet in Paaren zusammen: Lasse bei Frage 4 und 5 dein Gegenüber vermuten. Könnten die Vermutungen stimmen? Ergänze auf dem Arbeitsblatt.

1. Welches Pseudogefühl war in dir lebendig?
2. Wann und wo war das? Wer war dabei? Was hast du gehört und beobachtet?
3. Was hast du gedacht? Welche Urteile, Bewertungen hattest du?
4. Was hättest du gebraucht? (Bedürfnis)
5. Welches echte Gefühl liegt hinter dem Pseudogefühl? Gib es noch andere echte Gefühle zu dieser Situation?

siehe dazu auch:
Download 3

22 Bedürfnisse (1/2)

Wasser, Pflege

Luft

Freundschaft, Kontakt, Hilfe

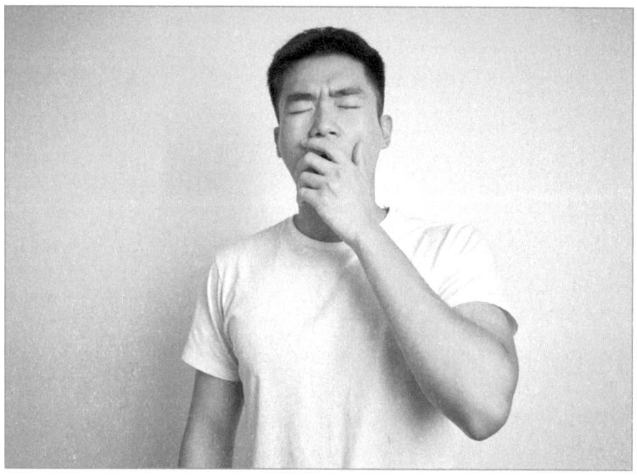

Schlaf, Erholung

Platz

Ruhe

Bedürfnisse (2/2)

Unterstützung, Entspannung, Abwechslung, Leichtigkeit, Freude, Hoffnung

Vertrauen, Freundschaft, Verbindung

Schutz, Sicherheit, Wärme, Perspektive

Hilfe, Unterstützung, Gesundheit, Kraft

Trost, Liebe, Geborgenheit

Spiel, Spaß, Bewegung, Idee, Abwechslung

ARBEITSBLATT

23 Meine Bedürfnispyramide

Aufgaben:

1. Wähle bitte aus dem Bedürfnis-Wortschatz fünf Bedürfnisse aus, die dir besonders wichtig sind. Trage sie in deine persönliche Bedürfnispyramide ein.
2. Was verbindest du mit diesen Bedürfnissen? Warum sind sie dir besonders wichtig? Tausche dich darüber mit den anderen aus deiner Gruppe aus.

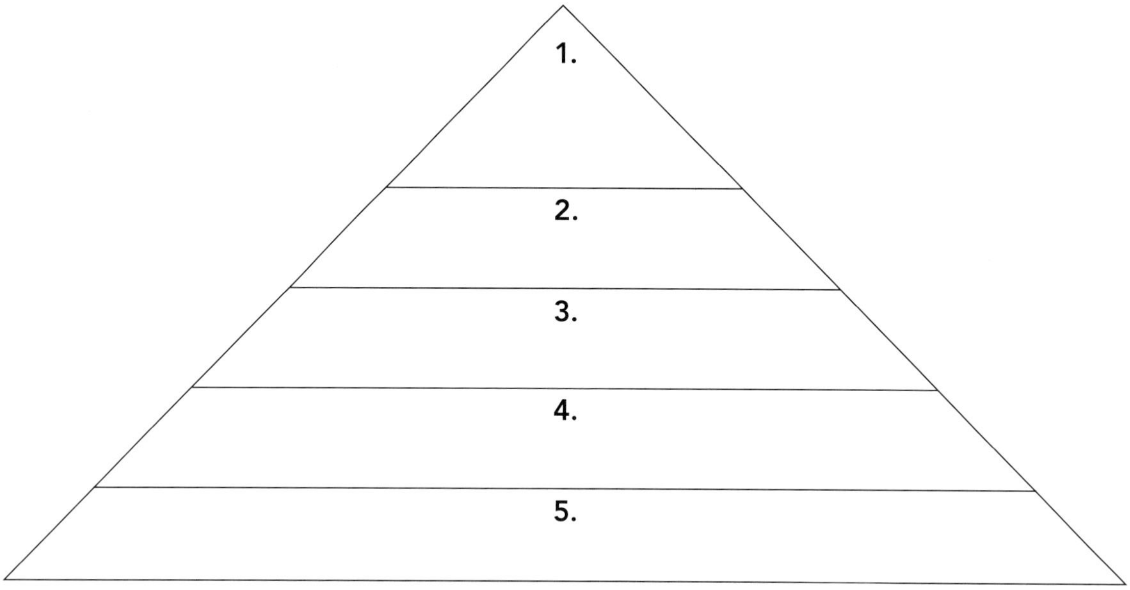

INFO

- ➡ Unerfüllte Bedürfnisse lösen in uns „negative“ Gefühle aus. ☹
- ➡ Erfüllte Bedürfnisse lösen in uns „positive“ Gefühle aus. ☺

3. Welches Bedürfnis ist bei dir gerade unerfüllt? Welche echten Gefühle löst das in dir aus? Gerne kannst du mehrere unerfüllte Bedürfnisse notieren.

unerfülltes Bedürfnis	„negatives“ Gefühl

4. Welches Bedürfnis ist bei dir gerade erfüllt? Welche echten Gefühle löst das in dir aus? Gerne kannst du mehrere erfüllte Bedürfnisse notieren.

erfülltes Bedürfnis	„positives“ Gefühl

Bedürfnis-Wortkarten (1/4)

Freundschaft
Vertrauen
Schutz
Gesundheit
Ruhe
Hilfe
Platz
Geborgenheit
Autonomie

24 Bedürfnis-Wortkarten (2/4)

Erfolg
Schlaf
Lernen
Rücksicht
Leichtigkeit
Trost
Spiel
Beitragen
Gleichheit
Ordnung

Bedürfnis-Wortkarten (3/4)

Klarheit

Bewegung

Abwechslung

Ehrlichkeit

Verständnis

Hoffnung

Frieden

Kraft

Erholung

Bedürfnis-Wortkarten (4/4)

Gesehenwerden
Essen/Trinken
Wärme
Sicherheit
Wertschätzung
Liebe
Wirksamkeit
Kreativität
Schönheit

Gefühle sind Hinweisgeber für Bedürfnisse

INFO

Echte Gefühle weisen uns auf Bedürfnisse hin.
Nehmen wir „positive" Gefühle wahr, haben sich Bedürfnisse erfüllt.
Nehmen wir „negative" Gefühle wahr, sind Bedürfnisse unerfüllt.
Hinter <u>einem</u> Gefühl können wir häufig <u>mehrere</u> Bedürfnisse vermuten.

Sprachmuster: *„Ich fühle mich …, weil ich … brauche."*

Aufgaben:

1. Notiere mehrere Bedürfnisse, auf die das Gefühl hinweisen kann.

Gefühl: ♡ Bedürfnis:

müde ➡ ……………………………………………

panisch ➡ ……………………………………………

traurig ➡ ……………………………………………

irritiert ➡ ……………………………………………

aufgeregt ➡ ……………………………………………

fassungslos ➡ ……………………………………………

allein ➡ ……………………………………………

erschöpft ➡ ……………………………………………

frustriert ➡ ……………………………………………

2. Welche Bedürfnisse könnten hier erfüllt sein? Notiere.

Gefühl: ♡ Bedürfnis:

erleichtert ➡ ……………………………………………

tatkräftig ➡ ……………………………………………

begeistert ➡ ……………………………………………

zufrieden ➡ ……………………………………………

Vorwürfe in Bedürfnisse verwandeln

INFO

Hinter einem Vorwurf verbergen sich unerfüllte Bedürfnisse.
Mit „Giraffenohren" können wir diese Bedürfnisse hören und empathische Vermutungen anstellen.

Sprachmuster: *„Was brauchst du?"* bzw. *„Brauchst du vielleicht …?"*

Aufgaben:

1. Arbeitet in Paaren zusammen: Welche unerfüllten Bedürfnisse könnten sich hinter diesem Vorwurf verbergen? Findet mehrere Möglichkeiten und notiert sie in der Tabelle.

Vorwurf	Mögliche Bedürfnisse
Ständig mischst du dich ein. Das ist meine Sache.	
Du regst dich immer gleich auf.	
Du räumst nie auf.	
Was ist hier eigentlich los? Warum erfahre ich immer zuletzt, was passiert ist?	
Ich habe den Eindruck, es ist völlig egal, was wir ausmachen. Am Ende machst du doch, was du willst.	
Die ewigen Diskussionen gehen mir auf die Nerven.	
Wenn ich krank bin, meldet sich nie jemand bei mir.	
Musst du dich immer so wichtigmachen?	

2. Notiere einen Vorwurf, den jemand zu dir gesagt hat. Welche unerfüllten Bedürfnisse könnten sich bei der anderen Person hinter diesem Vorwurf verbergen? Besprich deine Vermutungen mit deinem Partner oder deiner Partnerin.

Vorwurf	Mögliche Bedürfnisse

Wege vom Urteil zum Bedürfnis (1/2)

Aufgaben:

1. Lies die Gedanken, Urteile und Forderungen. Finde anschließend eine geeignete Umleitung und schreibe diese in die Tabelle.
2. Notiere dann mögliche erfüllte Bedürfnisse.

INFO

Wenn ich negative Gedanken über andere habe, verbergen sich dahinter eigene unerfüllte Bedürfnisse. Wir finden andere zum Beispiel unverschämt, egoistisch oder nervend, wenn sich Bedürfnisse nicht erfüllen. Um eigene Bedürfnisse zu erkennen, sind „Giraffenohren nach innen“ (Selbstempathie: „Was brauche ich?“) gefragt. Gelegentlich kann es hilfreich sein, eine Umleitung (A), (B) oder (C) zu nehmen, um auf erfüllte Bedürfnisse zu stoßen. Diese können wir leichter wahrnehmen. Daraus können wir dann auf unerfüllte Bedürfnisse schließen.

Gedanke, Urteil, Forderung	Umleitung • **Formuliere ein Gegenteil. (A)** • **Finde Beschreibungen und formuliere Gegenteile. (B)** • **Formuliere eine Aussage ohne „sollte“, „müsste“ o. Ä. (C)**	**Welche Bedürfnisse wären so erfüllt?**
Du meldest dich nicht bei mir. (A)		
Er ist ein Streber. (B)		
Menschen sollten heutzutage weniger Auto fahren. (C)		
Sie beteiligt sich überhaupt nicht. (A)		
Sie ist eine Egoistin. (B)		
Er sollte öfter über seine Gefühle sprechen. (C)		

siehe dazu auch:
Download 4

27 Wege vom Urteil zum Bedürfnis (2/2)

A

Du verurteilst …
- **ein konkretes Verhalten.**
- **eine konkrete Situation.**

Formuliere ein Gegenteil.

Beispiel: Er braucht beim Aufräumen lange.

Umleitung Er räumt zügig auf.

Bedürfnisse = Effizienz, Entspannung, Teilen von Verantwortung, Unterstützung, Abwechslung

B

Du beurteilst jemanden.

Finde Beschreibungen und formuliere Gegenteile.

Beispiel: Sie ist eine Angeberin.

Umleitung Sie nimmt Raum ein. ⟷ Sie gibt Raum.
Sie ist laut. ⟷ Sie ist leise.
Sie hält nichts von anderen. ⟷ Sie hält etwas von anderen.

Bedürfnisse = Raum, Ruhe, Gesehenwerden, Vertrauen, Rücksicht

C

Du stellst Forderungen oder (moralische) Erwartungen auf.

Formuliere eine Aussage ohne „sollte", „müsste" o. Ä.

Beispiel: Sie sollte sich mehr engagieren.

Umleitung Sie engagiert sich mehr.

Bedürfnisse = Unterstützung, Entlastung, Teilen von Verantwortung

Bedürfnisse und Strategien

INFO

Bedürfnis: Bedürfnisse sind abstrakt, frei von Ort und Zeit, unabhängig von der Mitwirkung bestimmter Personen, zur Erfüllung gibt es zahlreiche Möglichkeiten

Strategie: ein konkreter Weg der Bedürfniserfüllung, bei Verneinung entsteht Enge

Aufgaben:

1. Welche Aussagen benennen Bedürfnisse? Mit welchen Aussagen wird eine Strategie geäußert? Kreuze an.

	Bedürfnis	Strategie
a) Ich kann die Kiste nicht alleine tragen. Ich brauche Hilfe.		
b) Ich fühle mich wie gelähmt. Ich weiß nicht, wie ich das alles bis zum Test lernen soll. Ich brauche Entspannung.		
c) Ich muss an die frische Luft.		
d) Ich brauche Ruhe.		
e) Ich kann mich nicht mehr konzentrieren. Ich muss aufhören.		
f) Der Klimawandel macht mir große Sorgen. Ich wünsche mir Zuversicht.		
g) Ich brauche dringend deine Unterstützung. Ich verstehe diese Aufgabe einfach nicht.		
h) Ich brauche Ferien.		

2. Suche hinter den Strategien aus Aufgabe 1 mögliche Bedürfnisse. Notiere die entsprechenden Buchstaben und deine Bedürfnisvermutungen.

Buchstabe	Bedürfnisse

3. Arbeitet in Paaren oder Kleingruppen: Wählt ein Bedürfnis und beschreibt eine konkrete Situation, in der es nicht erfüllt war. Sucht mindestens fünf Erfüllungsmöglichkeiten. Beispiel: Entspannung ➡ Schlafen, Lesen, Film schauen, Lernen, Gespräch suchen, Sport …

29 Bitten formulieren

INFO

➡ Eine **Bitte** ist ergebnisoffen. Wir akzeptieren auch ein Nein.
Bei einer **Forderung** erwarten wir dagegen, dass die angesprochene Person genau das tut, was wir möchten. Nur am Wortlaut lässt sich eine Bitte nicht unbedingt von einer Forderung unterscheiden. „Kannst du mir bitte helfen?" könnte sowohl eine Bitte als auch eine Forderung sein.

➡ Wir unterscheiden **konkrete** und **vage Bitten**. Bei einer konkreten Bitte weiß mein Gegenüber genau, was es tun, sagen oder lassen soll. So entsteht Klarheit.

➡ **Bitten/Wünsche** kann ich auch **an mich selbst** richten. Je konkreter sie sind, desto leichter kann ich feststellen, ob mir die Umsetzung gelingt. Gegebenenfalls kann ich die Bitte verändern.

Aufgaben:

1. Welche Bitten sind konkret, welche vage? Kreuze an.

	konkret	**vage**
Hör bitte auf, zu nerven.		
Könnten Sie uns bitte die Nr. 1 noch einmal erklären?		
Ich möchte bitte einbezogen werden.		
Könnt ihr bitte aufpassen?		
Ich möchte mehr Sport machen.		
Können wir uns bitte das nächste Mal am Mittwoch treffen?		
Wärst du bereit, mir zu sagen, wie mein Vorschlag bei dir ankommt?		
Beteiligt euch bitte mal.		
Kannst du mir bitte sagen, was dich an mir stört?		
Ich möchte besser in Mathe werden.		
Kannst du morgen bitte früher kommen?		
Ich möchte in den nächsten zwei Wochen an jedem Tag eine Seite Englisch-Vokabeln wiederholen.		
Konzentriert euch jetzt bitte mal.		

2. Formuliere drei vage Bitten aus Aufgabe 1 zu möglichen konkreten Bitten um.

....

....

....

....

Perspektive wechseln

Aufgaben:

1. Was könnte aus diesen Linien entstehen? Setze die Linien fort. Zeichne in jedem Feld eine andere Möglichkeit. **Tipp:** Du kannst das Blatt drehen.
2. Tauscht euch über eure Ideen in der Klasse aus.

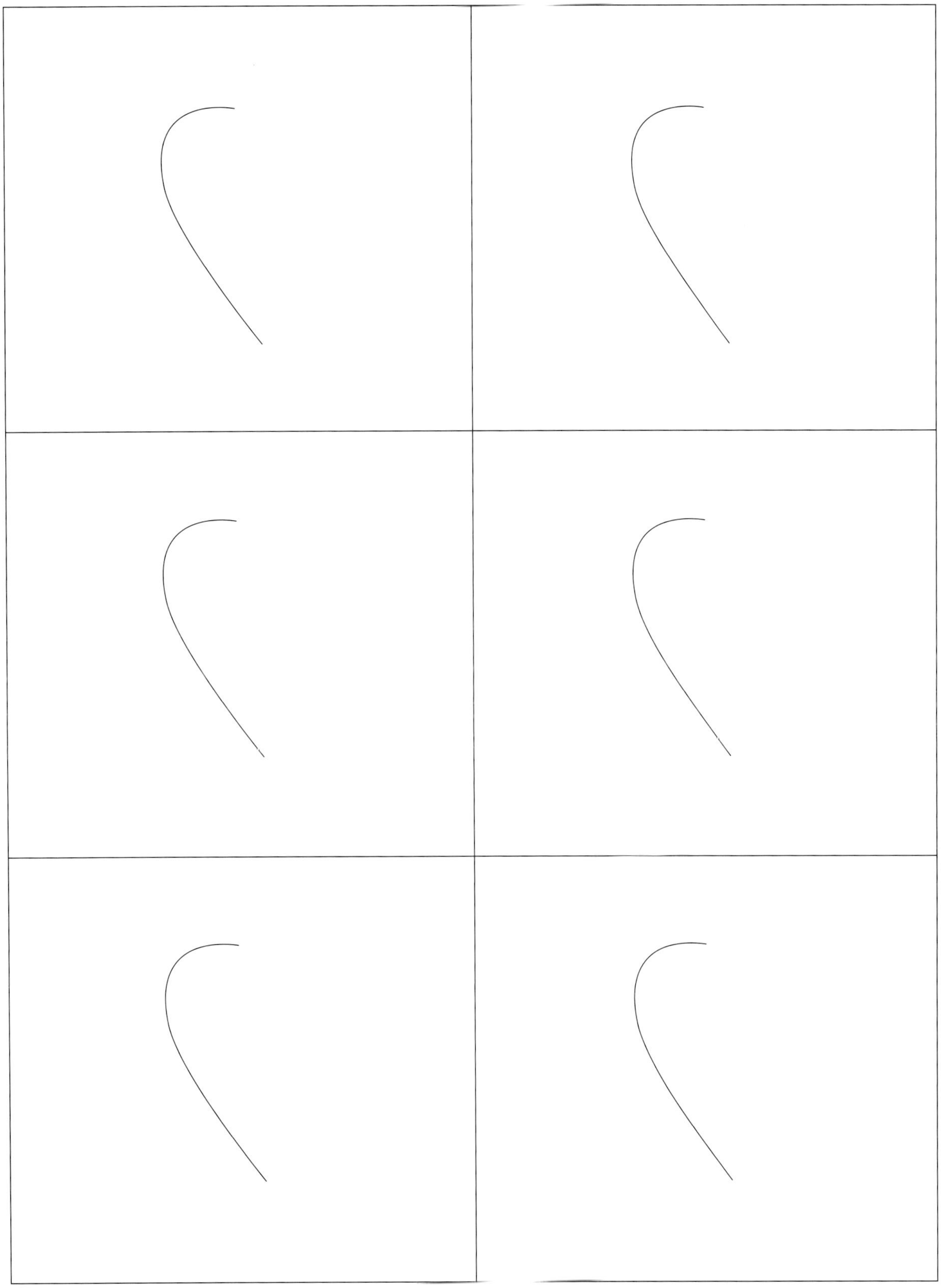

31 Empathie – oder nicht?

Situation:

Mona hat im letzten Englisch-Test wieder eine Fünf geschrieben. Sie befürchtet, dass sie das Klassenziel nicht erreicht und wiederholen muss. Sie sagt zu Amira: „Oh nein, ich bleib bestimmt sitzen."
So reagiert Amira:

Wir schreiben doch noch zwei Tests. Da kannst du dich doch noch verbessern. Außerdem ist Albert Einstein auch sitzen-geblieben.

➡ ....

Ach Mensch, das Leben ist einfach ungerecht. Ich hab grad auch richtig Stress. Ich muss noch das Referat vor-bereiten und weiß gar nicht, wann ich das machen soll.

➡ ....

Frau Mutz schreibt einfach viel zu schwere Tests. Da kamen auch wieder Aufgaben dran, die wir im Unterricht noch nie gemacht haben.

➡ ....

Johann geht es genauso. Ich glaube, er hat sogar noch einen schlechteren Notenschnitt als du.

➡ ....

Na ja, nimm halt noch ein paar Wochen Nachhilfe und schau Filme nur noch auf Englisch. Das habe ich dir neulich auch schon gesagt.

➡ ....

Du machst dir richtig Sorgen und bist gestresst? Du suchst nach Perspektive und brauchst vielleicht Unterstützung?

➡ ....

Was ist Empathie – und was nicht?

Situation:

Arthur erzählt Timur: „Vor drei Tagen war ich mit Ali verabredet. Wir wollten ins Kino gehen. Dann stand er plötzlich zusammen mit Sara vor der Tür, um mich abzuholen. Mit Ali kann man nichts mehr allein machen. Das nervt total."

Aufgaben:

1. Finde unterschiedliche Reaktionen zu dieser Situation und notiere diese in den Sprechblasen.

➡ **bagatellisieren**

➡ **eigene Geschichte erzählen**

➡ **sympathisieren**

➡ **vergleichen**

➡ **Ratschläge**

➡ **Empathie**

2. Arbeitet in Paaren oder als Kleingruppe zusammen: Lest euch einige Sprechblasen gegenseitig vor und vermutet, um welche Reaktion es sich handelt.

33 Umgang mit Vorwürfen – Das Vier-Ohren-Modell der GFK

Aufgabe:
Notiere einen Vorwurf, der dich beschäftigt. Spiele anschließend alle vier Ohren der GFK durch und schreibe deine Gedanken dazu auf.

Der Vorwurf: ....

Gedanken, Urteile über die andere Person, Vorwürfe

Urteile über mich, Selbstvorwürfe

1. Wolf nach außen:	**3.** Giraffe nach innen:
2. Wolf nach innen:	**4.** Giraffe nach außen:

Wie geht es mir? Was brauche ich? Selbstempathie

Empathie für die andere Person

siehe dazu auch:
Download 5

Üben an Fallbeispielen zum Vier-Ohren-Modell der GFK

Das Vier-Ohren-Modell der GFK:

1. Der Wolf nach außen:

- Gedanken
- Urteile
- Interpretationen
- Vorwürfe

Wolf © karpenko_ilia – Shutterstock.com

3. Die Giraffe nach innen:

- Wie geht es mir?
- Was brauche ich?

Giraffe © karpenko_ilia – Shutterstock.com

2. Der Wolf nach innen:

- Scham
- Gedanken über mich
- Selbstvorwürfe

Wolf © karpenko_ilia – Shutterstock.com

4. Die Giraffe nach außen:

- Wie geht es dem/der anderen?
- Was braucht er/sie?

Giraffe © karpenko_ilia – Shutterstock.com

Fallbeispiele:

Samuel und Moritz überlegen, was sie am Wochenende unternehmen könnten. Moritz hat bei jedem Vorschlag, den Samuel macht, Einwände. Samuel sagt: „Du hast an allem etwas auszusetzen und bist selber total einfallslos."

Juri und Liane haben sich zum Lernen verabredet. Kurz vor dem Treffen ruft Franka an und möchte mit Liane lernen. Liane ist es peinlich, zu erzählen, dass sie mit Juri verabredet ist. Deshalb sagt sie, dass sie am Nachmittag ihrer Mutter helfen muss und keine Zeit hat. Franka erfährt später, dass das nicht gestimmt hat, und beschimpft Liane: „Du bist total feige und hinterhältig."

Samira, Tom, Olga und Hakim arbeiten in einer Gruppe. Olga versteht die Aufgabe nicht. Tom und Hakim bemühen sich beide, die Aufgabe zu erklären. Samira verdreht die Augen und will unbedingt weitermachen. Olga schnauzt Samira an: „Wenn sich mal nicht alles um dich dreht, flippst du gleich aus."

Das Märchen von den Glücksbohnen

Das Märchen von den Glücksbohnen

Ein Bauer steckte jeden Morgen eine Handvoll Bohnen in seine rechte Hosentasche. Wenn er das Haus verließ und etwas Schönes erlebte, ihm etwas Freude bereitete oder etwas geschah, wofür er dankbar war, dann nahm er eine Bohne aus der rechten Hosentasche und steckte sie in die linke. Am Anfang waren es nur wenige Bohnen, die von einer Tasche in die andere wanderten. Bald aber fielen dem Bauern neben den großen Dingen auch immer mehr Kleinigkeiten auf, die sein Leben schön machten. Von Tag zu Tag wurden es mehr Bohnen, die er von der rechten Hosentasche in die linke steckte. Bevor er am Abend zu Bett ging, leerte er die linke Hosentasche und betrachtete die Bohnen, die er über den Tag hinweg dort gesammelt hatte. Jede Bohne erinnerte ihn an etwas Schönes. Jeden Abend schlief der Bauer mit einem Lächeln auf den Lippen ein.

(frei erzählt nach Burkhard Heidenberger: Die Glücksbohnen – eine Geschichte zum Nachahmen, https://www.zeitblueten.com/news/die-gluecksbohnen/, letzter Zugriff: 05.07.2023)

Aufgaben:

1. Beantworte die Fragen und notiere die Antworten in deinem Heft:
- Hast du dich heute öfter geärgert oder öfter über etwas gefreut?
- Worauf will das kleine Märchen hinweisen?
- Wofür bist du dankbar?

INFO

Wertschätzung statt Lob

Lob: Wenn wir jemanden loben, fällen wir damit ein Urteil über eine andere Person. Wir beurteilen, ob jemand etwas richtig oder falsch, gut oder schlecht gemacht hat. Wir erheben uns über eine andere Person. Es entsteht eine Hierarchie.

Wertschätzung: Wir teilen einer anderen Person in den GFK-Schritten mit, wofür wir dankbar sind. Wir sprechen von unseren Gefühlen und benennen erfüllte Bedürfnisse. Es entsteht Verbindung.

2. Erinnere dich an eine konkrete Situation, in der du einem anderen Menschen dankbar warst. Notiere die Antworten auf die Fragen ebenfalls in deinem Heft.
- Was hat jemand gesagt oder getan?
- Wie hast du dich gefühlt?
- Welches Bedürfnis hat sich erfüllt?

1. Beobachtung **2. Gefühl** **3. Bedürfnis** **4. Danke**

Meine Glücksbohne – Wertschätzung und Selbstwertschätzung

Meine Glücksbohne zur Wertschätzung

Aufgabe: Erinnere dich an eine Situation, in der du einem anderen Menschen dankbar warst. Fülle den Lückentext aus.

Liebe/r ....

Als du/ihr/Sie ....

....

habe ich mich .... gefühlt,

weil sich dadurch mein(e) Bedürfnis(se) nach ....

.... erfüllt hat/haben.

DANKE!

Meine Glücksbohne zur Selbstwertschätzung

Aufgabe: Erinnere dich an eine Situation, in der du etwas gesagt, getan oder nicht getan hast, wofür du dir selbst dankbar bist. Fülle den Lückentext aus.

Als ich ....

....

habe ich mich .... gefühlt,

weil sich dadurch mein(e) Bedürfnis(se) nach ....

.... erfüllt hat/haben.

Dafür bin ich mir selbst dankbar.

DANKE!

Medientipps

Zum Einstieg in die GFK

Rosenberg, Marshall B.:
Gewaltfreie Kommunikation:
Eine Sprache des Lebens
Junfermann Verlag, 2016
ISBN 978-3-95571-572-4

Kontakt für Seminare und Fortbildungen

Evelyn und Sven Schöllmann
www.sonnenhaus-oberstrahlbach.com

Bezugsquelle Bodenmatten für GFK-Schritte

Senden Sie Download 8 an eine beliebige online Fußmattendruckerei. Eine Anleitung finden Sie in den Downloads.

Material/Literatur für die Schule

80 Bild-Impulse – Gefühle
Verlag an der Ruhr, 2014
ISBN 978-3-8346-2479-6

Anregungen bis Jahrgangsstufe 6:

Schöllmann, Evelyn und Sven
Respektvoll miteinander sprechen – Konflikten vorbeugen
10 Trainingsmodule zur gewaltfreien Kommunikation in der Grundschule
Verlag an der Ruhr, 2014
ISBN 978-3-8346-2477-2

Schöllmann, Evelyn und Sven
Die Giraffensprache für ein gutes Klassenklima in der Grundschule
Verlag an der Ruhr, 2023
ISBN 978-3-8346-6228-6

Notizen